Peter Kerger

Werben mit Konzept
Teil 3

Peter Kerger

Werben mit Konzept Teil 3

- Fachwissen
- Tips
- Checklisten

GABAL

Die Deutsche Bibliothek - CIP-Einheitsaufnahme

Kerger, Peter:
Werben mit Konzept : Fachwissen, Tips, Checklisten / Peter Kerger. - Offenbach : GABAL
Teil 3. Kundenkorrespondenz, Prospektgestaltung, Referenzen, Kundenzeitschrift, Datenbank, Kinowerbung, Videoclips, Sponsoring, Werbegeschenke, Werbekosten, ABC der Fachbegriffe. - 1998
ISBN 3-930799-49-9

Rechtschreibreformierter Titel

Lektorat: Dr. Sonja Klug, Rheinbach
Titelillustration: Udo Leuchtmann, Bremen
Cover: image team, Bremen
Satz und Layout: image team, Bremen
Druck und Verarbeitung: Salzland Druck, Staßfurt

Verlagsinformationen:
Jünger Service, Schumannstr. 161, 63069 Offenbach
Tel.: 069/84 00 03-22 (-0) Fax: 069/84 00 03-33

Inhalt

Vorwort 8

1. Die Korrespondenz mit dem Kunden 9
1.1 Der Beginn einer dauerhaften Beziehung 11
1.2 Briefe aus dem Texthandbuch 15
1.3 Unterlagen verschickt. Was nun? 21
1.4 Checkliste für den erfolgreichen Follow-up-Brief 26

2. Damit gewinnen Sie Profil: Der eigene Prospekt 27
2.1 Format und Seitenzahl 29
2.2 Werden Sie kreativ: Der erste Entwurf 30
2.3 Regeln für die Prospektgestaltung 36
2.4 Jetzt wird gedruckt! 40
2.5 Sie haben noch mehr zu sagen? 42
2.6 Ordnung muss sein: Angebotsmappen 43
2.7 Information total: Der Katalog 44
2.8 Gedrucktes zum Streuen 46
2.9 Auch Gebrauchsanweisungen verkaufen 48
2.10 Checkliste für die erfolgreiche Broschürengestaltung 49

3. Lass Kunden sprechen 50
3.1 Die Umlastung auf Dritte 51
3.2 Referenzen bergen Tücken 54

4. Die Kundenzeitschrift 56
4.1 Planung in drei Phasen 57
4.2 Die Titelwahl 60
4.3 Erscheinungsfrequenz und Umfang 62
4.4 Vom Bedarfsdecker zum Bedarfswecker 62
4.5 Sensibel texten! 65
4.6 Kennziffernservice: Wer fragt, bekommt Antwort 66
4.7 Ein Impressum muss sein 68

4.8 Freigabe von Dritten einholen 69
4.9 Wer nachfragt, kann sich orientieren 70
4.10 Eine Zeitung für Werbegemeinschaften 74
4.11 Checkliste für Kundenzeitungen 76

5. Database: Basisdaten fürs Geschäft 77
5.1 Weitblickend planen 78
5.2 Datenschutz: Ein Gesetz mit sieben Siegeln? 83
5.3 Datenpflege 85
5.4 Checkliste für den Aufbau der Datenbank 87

6. Der vor dem Wolf wirbt – Werbung im Kino 88
6.1 Kinoarten und Zielgruppen 90
6.2 13, 19 oder 26 Sekunden Kinowerbung 92
6.3 So wird Ihre Werbung produziert 93
6.4 Springen Sie auf den Kinotrend auf 94
6.5 Checkliste Kinowerbung 96

7. Visualisierung in bewegten Bildern: Der Video-Clip 97
7.1 Einsatzmöglichkeiten für den Video-Clip 98
7.2 Was soll gezeigt werden? 99
7.3 Checkliste für den eigenen Video-Clip 101

8. Sponsoring: Geschäft auf Gegenseitigkeit 102
8.1 Die vier Säulen des Sponsorings 105
8.2 Sponsoring der leisen Töne 106
8.3 Checkliste für eine Sponsoringmaßnahme 108

9. Das eigene Buch – ein Feld ungenutzter Möglichkeiten . . . 109
9.1 Externe Dienstleister 112
9.2 Meilensteine zum eigenen Buch 113
9.3 Checkliste zur Realisierung eines Buchprojektes 117

10. Kleine Geschenke erhalten die Freundschaft – oder bewirken das Gegenteil! 118
10.1 Die richtige Auswahl und Planung 118
10.2 Maßgeschneidert bringt es 120
10.3 Geschenke sind Botschaften 122
10.4 Reklameartikel oder Botschaft mit Firmenphilosophie? . . 122
10.5 Strategie für optimales Geschenkverhalten 124
10.6 Was der Fiskus verlangt und zulässt 125
10.7 Ein besonderes Thema: Kalender, Kalender, Kalender 125
10.8 Aktionsartikel mit Aufdruck 128
10.9 Checkliste „strategisch" schenken 130

11. Kosten der Verkaufsförderung 131
11.1 Mathematik und Budgetierung: 3 bis 5 oder 10 Prozent vom Umsatz? 131
11.2 Ganz individuell: Zielen – Planen – Steuern 132
11.3 Richtwerte als Kalkulationshilfe 133

12. Takt, Ökologie und Werbung 135
12.1 Effenberg geht pinkeln 135
12.2 „Du unterschreiben hier" 137
12.3 „Rettet den deutschen Wald" 139
12.4 Muss Umweltschutzpapier grau sein? 139
12.5 Werbung mit ökologischen Argumenten 140

13. ABC der Fachbegriffe 143

Abbildungsnachweise 148

Literatur 149

Vorwort

Das Zusammenspiel zwischen Werbeauftritt und Kundenorientierung ist mir ein Hauptanliegen und zieht sich wie ein roter Faden durch die drei Teile von *Werben mit Konzept.* Der Verbraucher reagiert sehr sensibel auf Brüche zwischen Werbeaussage und aktivem Handeln. Deshalb darf Werbung kein Selbstzweck sein, sondern muss stets den Umworbenen – den Kunden – im Visier haben.

In *Teil 3* geht es um die professionelle Gestaltung von Unterlagen, die Sie zur Kundengewinnung und -pflege benötigen: Korrespondenz, Prospekte und Zeitschriften. Weiterhin lernen Sie die wichtigsten Grundlagen von teilweise zu wenig oder zu einseitig genutzten Werbeformen kennen, wie Kino-Werbung, Video-Clips, Sponsoring und eigenen Büchern. Damit Sie für Ihre Werbung die Kosten ebenso wenig aus den Augen verlieren wie Überlegungen des Taktes und der Ökologie, enthalten die letzten Kapitel wertvolle Hinweise. Wie schon *Teil 1* und *Teil 2* von *Werben mit Konzept,* so habe ich auch *Teil 3* mit Beispielen, Abbildungen und Checklisten versehen. Nutzen Sie sie, wenn es um Kundenorientierung und Werbung geht. So werden Sie optimal am Markt agieren können.

Dazu wünsche ich Ihnen Erfolg und viele kreative Ideen!

Ihr

1. Die Korrespondenz mit dem Kunden

Beispiel 1

Datum des Poststempels

Sehr geehrte(r) Kund(in/e)!

Wir danken für Ihre Anfrage. Für das in unserem Prospekt aufgeführte Material gelten unsere umseitig aufgeführten Bedingungen.

Unsere Büromöbel werden in Buche oder Eiche hergestellt.
Falls Sie Interesse haben sollten, steht Ihnen unser geschultes Verkaufspersonal für eventuelle Rückfragen jederzeit gern zur Verfügung.

Mit freundlichen Grüßen
Holzkopf Büromöbelwerke
GmbH & Co. KG
Abteilung Vertrieb

Dieses Schreiben wurde per EDV erstellt und ist deshalb nicht unterschrieben.

Beispiel 2

Kurzmitteilung
Beiliegendes Schriftstück übersenden wir

- ◯ *gemäß Anfrage*
- ◯ *in Beantwortung Ihres Schreibens*
- ◯ *wie verabredet*
- ◯ . . . .

Mit freundlichen Grüßen

Gewiss haben Sie es schon bemerkt: Dieses Kapitel begann mit zwei Negativbeispielen. Leider handelt es sich nicht um Ausnahmen. Auch Sie bekommen solche „Briefe“ häufig auf Ihren Tisch.

Was gibt es an den beiden Beispielen auszusetzen?

Kritik an den Beispielen

1. Datum bitte so: 30.11.1997 oder so: 30. November 1997. Damit bekommt Ihr Schreiben Aktualität.

2. Eine Überschrift fehlt: Sie soll den Leser neugierig machen.

3. Die persönliche Anrede fehlt. Wenn Sie den Namen nicht wissen, finden Sie ihn heraus.

4. Hinter die Anrede gehört kein Ausrufungszeichen (wirkt hier wie ein Donnerhall), sondern ein Komma.

5. Statt „Wir“ bitte mehr „Sie“ – also nicht: *Wir danken ...*, sondern: *Danke für Ihre Anfrage,* oder: *Danke, dass Sie ...*

6. Eine Kundenbeziehung mit Bedingungen zu beginnen, ist nicht besonders geschickt.

7. Der Kundennutzen fehlt völlig: Welchen Vorteil hat die eine oder andere Holzart?

8. Mit *Interesse* kann bei dieser Kundenansprache eigentlich nicht ernsthaft gerechnet werden.

9. Falls sich aber doch Interessenten finden: Das Verkaufspersonal ist so gnädig ...

10. Eine (lesbare) Unterschrift sollte Ihnen der potentielle Kunde wert sein.

11. Es fehlt eine interessante Fußnote à la Columbo – mehr darüber später.

Soweit der Brief. Und die Kurzmitteilung?

Unterlagen so zu verschicken gehört zu den größten Sünden und ist auch mit Eile kaum zu entschuldigen. Das wirkt wie eine Urlaubspostkarte mit vorgedrucktem Text. Unterkunft: gut, Verpflegung: gut, Wetter: gut, deutsches Bier: vorhanden. Alles zum Ankreuzen, Sie kennen die Grüße für Schreibfaule.

Machen Sie sich die Mühe und schreiben Sie einen individuellen Brief. Er ist die gute Grundlage für den Ausbau oder die Pflege Ihrer Kundenbeziehung.

Niemals auf einen Brief verzichten

Verschicken Sie auch niemals Informationen ohne Begleitschreiben. Wer Post bekommt, erwartet einen Brief!

1.1 Der Beginn einer dauerhaften Beziehung

In Teil 1 von *Werben mit Konzept* wurden bereits einige grundlegende Regeln des Briefaufbaus genannt. In diesem Abschnitt geht es um die Inhalte Ihrer Korrespondenz – um die Ansprache eines Interessenten, der Ihr Angebot kennen lernen möchte.

Mit Kunden und Interessenten kommunizieren Sie:

Verschiedene Kommunikationswege

1. durch das persönliche Gespräch, während eines Besuches, auf einer Messe etc.,

2. per Telefon, individuell oder im Rahmen einer Telefonmarketing-Aktion,

3. schriftlich per Brief oder per Fax.

Kaum jemand kommt auf die Idee, ein persönliches Gespräch oder ein Telefonat mit *„Sehr geehrter Herr"* zu beginnen. Nur in Geschäftsbriefen hält sich das bis heute, begleitet von einem speziellen Korrespondenz-Deutsch, das scheinbar nicht auszumerzen ist:

- *geschätzte Rückäußerung*
- *bezugnehmend*
- *in Erwartung*
- *diesbezüglich*
- *das „oben genannte"...*
- *auf Ihr Schreiben vom ... zurückkommend*

sind nur einige dieser „Blüten“, denen Sie selbst immer noch begegnen werden.

Aufruf zum Ungehorsam

Natürlich gibt es selbst für die Briefgestaltung DIN-Vorschriften. So hat ein Brief eben auszusehen. Allerdings werden Sie nicht belangt, wenn Sie die Vorschriften nicht in allen Punkten befolgen.

Es ist an der Zeit, diese Regeln zu ignorieren und durch einen persönlichen Stil aufzufallen.

Schreibe, wie du selbst angeschrieben werden möchtest.

Wenn es ernst wird, sagen die Deutschen

„... das kann ja heiter werden!“

Schreiben Sie in Zukunft so, wie Sie mit einem Interessenten sprechen würden.

Beispiel für einen gelungenen Brief

Zum Beispiel folgendermaßen:

Danke für Ihre Anfrage

Guten Tag, Herr Clever,

hier kommen die gewünschten Informationen.
Sie können Ihr neues Büro ganz nach Ihrem Geschmack in Eiche oder in Buche einrichten.

Sagen Sie uns, was Sie im Einzelnen benötigen, wir machen Ihnen gern ein verbindliches Angebot.
Telefon: ...

Melden Sie sich bald?

Holzkopf Büromöbel
Ein Familienbetrieb aus Mecklenburg

Sabine Schlau

Übrigens: Wir können fast alle Möbel sofort ab Lager liefern.

Wie wirkt der kleine Zusatz: „*Ein Familienbetrieb aus Mecklenburg*" auf Sie?

Damit geben Sie etwas preis, was kontaktfördernd wirkt.

Weitere Beispiele:

Frank Kuhlmann
Ihr Elektriker von nebenan

Horst Gutenberg
Der Drucker bei der Uni

Herbert Bolzer
Ihr Clubfreund von der „Fortuna"

Regeln für Geschäftsbriefe

Wenn Sie folgende Regeln für die Korrespondenz einhalten, wirken Ihre Briefe persönlicher und individueller:

- Bilden Sie kurze Sätze, sie wirken persönlich.
- Formulieren Sie höflich und freundlich.
- Schreiben Sie verständlich.
- Stellen Sie den Kundennutzen in den Vordergrund.

Briefe werben!

Briefstil und Aufmachung prägen das Erscheinungsbild Ihres Unternehmens. Die Korrespondenz ist ein Mosaikstein des Unternehmensauftritts.

1.2 Briefe aus dem Texthandbuch

Mit dem PC am Arbeitsplatz und komfortablen Textprogrammen ist das Briefeschreiben heute relativ einfach. Angebotstexte, Rechnungen, Mahnungen und erfolgreiche, gut formulierte Schreiben werden als Textbausteine gespeichert.

Hin und wieder fordern Sie selbst Informationen an und bekommen einen Brief, der Ihnen gefällt. Speichern Sie ihn in Ihrem PC ab. Nicht zum Abkupfern, sondern als Anregung!

Geben Sie Ihrer Datei „Anfragebeantwortung" zum Beispiel folgende Grundstruktur:

1. Anfragen aufgrund einer Anzeige
2. Allgemeine Anfragen, schriftlich, telefonisch
3. Anfragen nach einem Pressebericht
4. Antwort nach einem Messekontakt
5. Antwort nach einer Couponeinsendung

usw.

Unter den einzelnen Kategorien speichern Sie dann Texte, die Sie schon vorbereiten können, bevor der erste Unterlagenabruf eintrifft.

Vorschlag zu Kategorie 1:

Anfrage aufgrund einer Anzeige

Unsere Anzeige in „Der Gartenfreund"
Schnurloser Rasentrimmer

Guten Tag, Frau Piepenbrink,

geht es Ihnen manchmal so wie mir? Das „Handling" des Mähers ist mir viel zu umständlich. Des-

halb lasse ich ihn im Schuppen stehen, wenn ich nur eben die Rasenkanten nachschneiden will. Damit ist jetzt Schluss!
usw.

Vorschlag zu 2:

Allgemeine Anfrage

Wir freuen uns über Ihr Interesse

Guten Tag, Herr Sonntag,

hier kommen die gewünschten Informationen über Schrankwände und Bürostühle.

Allerdings ist das nicht alles, was wir zu bieten haben. Schauen Sie bitte in den neuen Katalog. Mit Büromöbeln haben wir zwar begonnen, inzwischen konnten wir uns aber auch einen Namen mit unserer Gartenmöbelkollektion machen.
usw.

Vorschlag zu 3:

Anfrage nach einem Pressebericht

Die Frankfurter Rundschau berichtete

Guten Tag, sehr geehrte Damen und Herren der Geschäftsleitung,

der Artikel über preisgünstige Abfallentsorgung fand Ihr Interesse. Die von der Redaktion recherchierten Einsparungen von bis zu 25 Prozent sind ja auch erheblich.
usw.

Bei diesem Vorschlag fehlt die persönliche Ansprache. Die Anrede ist in dieser Form noch gerade akzeptabel. Besser ist auf jeden Fall die persönliche, namentliche Ansprache.

Vorschlag zu 4:

Antwort nach einem Messekontakt

Messe: Fit 1997
Wir sprachen über Ihren Clubbeitritt

Hallo und guten Tag, Frau Meyer,

hier sind, vorab, die gewünschten Informationen. Für den 28. August haben wir einen Termin vereinbart. Dann wollen Sie ein Probetraining absolvieren und sehen, ob es Ihnen bei uns gefällt
usw.

Vorschlag zu 5:

Antwort nach einer Couponeinsendung

Versprochen ist versprochen

Guten Tag, Herr Stelitzky,

vielen Dank für die Einsendung des Coupons, mit dem Sie die Einkaufstipps angefordert haben. Die beigefügte Broschüre informiert Sie auch über die Lagerungszeiten und darüber, welche Konservierungsstoffe vermieden werden sollten.
usw.

Ihr persönliches Texthandbuch

Drucken Sie Ihre Standardtexte aus und bilden Sie damit Ihr persönliches Texthandbuch. Wenn Sie erst mal einen gewissen Grundstock haben, lassen sich Texte leicht variieren oder neue entwickeln. So machen es Agenturen beim Texten übrigens auch. Glauben Sie nicht, dass dort jedes Mal vor einem leeren Blatt Papier auf den zündenden Einfall gehofft wird! *(„Da haben wir doch schon mal für XYZ etwas Ähnliches geschrieben, das können wir doch in etwa nehmen?“)*

Ihr Texthandbuch sollte immer aktuell sein.
Nehmen Sie sich die Texte von Zeit zu Zeit vor und prüfen Sie:

- Stimmt die Corporate Identity (CI) noch?
- Ist die Aussage über den Produktnutzen noch zutreffend?
- Ist der zeitliche Aufhänger noch aktuell (besonders bei Saisonartikeln)?
- Gibt es Veränderungen im Kundenkreis; ist eine andere Ansprache sinnvoll?

Ihr Texthandbuch muss leben. Korrespondenz wird einfach, wenn Sie Ihre Texte pflegen und Ihren Briefen den nötigen Stellenwert geben.

„Ich hab' da noch eine Frage." Mit diesen Worten dreht sich der berühmte Detektiv in der Tür um und stellt die entscheidende Frage, die den Verdächtigen aus der Fassung bringt.

Der Columbo-Effekt

Interessantes am Schluss

Columbo-Effekt nennt Gerhard Bungert diesen Nachklapp in seinem Buch „Weiter im Text" – eine zutreffende Bezeichnung, denn der Fußnote kommt große Bedeutung zu. Bewahren Sie sich eine interessante Information bis zum Schluss auf und setzen Sie sie unter die Unterschrift, ohne PS!

Beispiele:

- *Bis zum 30.6. kaufen Sie günstig zu Sommerpreisen.*
- *Der neue Recorder blendet Werbung aus.*
- *Alle Modelle haben serienmäßig eine Klimaanlage.*

1.3 Unterlagen verschickt. Was nun?

Alle bisherigen Briefvorschläge endeten passiv: Sie schreiben, verschicken Ihre teuren Verkaufsunterlagen und ... warten.

Werden Sie aktiv!

Wenn in einem bestimmten Zeitraum nicht reagiert wird, fragen Sie sich, woran das liegen kann. Jetzt müssen Sie „nachfassen", wie es im Vertrieb so schön heißt.

Ich möchte das „Nachfassen" ersetzen durch: aktiv werden, Kundenbeziehung anbahnen oder Ähnliches. *Nachfassen* klingt wie eine Korrektur: Nach dem feuchten Stück Seife greifen, das man beim ersten Mal nicht richtig zu fassen bekam.

Mancher erfahrene Verkäufer tut sich schwer, wenn in dieser Situation Aktivität gefragt ist.

Kontakthalten ist alles!

In der Kunden- und Interessentenpflege liegt einiges im Argen. Ich habe diese Erfahrung gemacht, als ich Informationen über die Ausstattung eines Neubaus anforderte. Die Unterlagen über Isoliertechnik, Fliesen, Heizungen, Sauna, Solartechnik usw. kamen zum Teil sehr schnell und waren auch aussagefähig. Meistens wurde neben der Anschrift auch nach der Telefonnummer gefragt. „Aha", dachte ich, „für die Akquisition."

Die Enttäuschung war groß. Von zwölf Firmen bemühten sich nur drei um meinen Auftrag. Die konnte ich sehr schnell abspeisen: Sätze wie *„Ich melde mich, wenn es soweit ist"* oder *„Das war nur zur Information"* reichten aus, um den Anrufer zufrieden zu stellen.

Weichen stellen!

Die Kontaktaufnahme wird leichter, wenn Sie in Ihrem Brief bereits ankündigen, dass Sie sich melden werden.

Zum Beispiel so:

- *Herr Clever, unser Außendienstmitarbeiter, führt Ihnen das Gerät vor. Am 25. Juli ist er von einem Seminar zurück. Er wird sich dann gleich melden. Wenn das zu spät ist, rufen Sie bitte an: Wir arrangieren dann einen früheren Termin.*

- *Ende August wird der Herbstkatalog ausgeliefert. Sie erhalten dann sofort ein Exemplar.*

- *Ich rufe Sie in der ersten Februarwoche an, um offene Fragen zu beantworten, falls Sie sich nicht schon vorher melden.*

- *Was halten Sie von unserem Angebot? Ich melde mich in den nächsten Tagen. Dann können wir Einzelheiten besprechen.*

Die Weiterbearbeitung nach Unterlagenversand muss nicht per Telefon erfolgen. Wenn Sie bei dem Dialog per Korrespondenz bleiben möchten, könnte der nächste Kontakt zum Beispiel so aussehen:

Dialog unbedingt fortsetzen!

Noch Fragen zu unserem Büromöbelprogramm?

Guten Tag, sehr geehrter Herr Clever,

erinnern Sie sich? Vor einiger Zeit haben Sie Informationen zu unserem Büromöbelprogramm angefordert. Hatten Sie schon Zeit, die Unterlagen durchzusehen?

Wir möchten uns nach dem Stand Ihrer Überlegungen erkundigen. Wir wissen: Ihre Zeit ist kostbar. Einige Kreuze oder ein handschriftlicher Vermerk reichen uns:

- ○ *Die Entscheidung fällt im Monat: ...*
- ○ *Wir haben uns gegen Ihr Programm entschieden, weil: ...*
- ○ *Es sind Fragen offen. Nehmen Sie Kontakt auf mit Frau/Herrn: ...*
- ○ *Die Anschaffung ist zurückgestellt bis: ...*

Bitte faxen Sie uns Ihre Antwort: 02621/6778

Beste Grüße nach ...
Holzkopf Büromöbel
Ein Familienbetrieb aus Mecklenburg

Thomas Holzkopf

Auf der „Büro '98" sehen Sie unser Programm. Dürfen wir Sie einladen?

Machen Sie die Antwort so leicht wie möglich. Dazu gehört auch, dass Sie die Faxnummer auf der Rückseite des Antwortschreibens wiederholen. Zum Faxen legt man den Bogen mit der Schrift nach unten auf das Gerät. Die Faxnummer muss man sich deshalb entweder merken oder aufschreiben.

Beispiel für die Gestaltung eines Faxes

Trotz Ankündigung werden Sie den gewünschten Gesprächspartner unter Umständen telefonisch nicht erreichen. Dann kehren Sie zur Korrespondenz zurück. Hier ist ein Beispiel:

Verlag
Werbeagentur
Strategisches Marketing
Gewinnbringende Verkaufs-Förderung

optima marketing

optima marketing · Gimpelweg 3 · 2105 Seevetal 3 b. Hbg.
Drucksache/Geb. geprüft

Frau
Evelyn Boettger
Bahnhofstr. 18

W- 2061 Kastorf

Ihr Erfolg in der Neukundengewinnung durch
das PARTNER-CARDS-MAGAZIN an 68.000 Finanz-Dienstleister oder
das GARANT-CARDS-MAGAZIN an die 100.000 Top-Entscheider
der mittelständischen- und Groß-Unternehmen

Sehr geehrte Damen und Herren,

ich habe schon einige Male versucht,
Sie telefonisch zu erreichen,

um gemeinsam mit Ihnen die Vorteile dieses wirkungsvollen Vertriebsweges für Ihre Dienstleistung bzw. Ihr Produkt zu erörtern.

Bitte rufen Sie mich ganz schnell an,
denn in <u>Kürze ist Buchungsschluß</u>.

Ich freue mich auf Ihren Anruf.

Mit herzlichen Grüßen aus Seevetal,
Ihre

Martina Winter

Martina Winter
Key-Account-Managerin

Beispiel für einen Follow-up-Brief

1.4 Checkliste für den erfolgreichen Follow-up-Brief

- ❍ Der Brief berücksichtigt alle Elemente für eine persönliche, individuelle Wirkung.
- ❍ Die Überschrift ist interessant und macht neugierig.
- ❍ Die Anrede ist zeitgemäß und wirkt wie eine persönliche Begrüßung.
- ❍ Die Sätze sind kurz, typische Briefloskeln wurden vermieden.
- ❍ Der Kundennutzen wird deutlich herausgestellt.
- ❍ Der Folgeschritt (Anruf, Messeeinladung, Besuch etc.) wird angekündigt.
- ❍ Eine interessante Fußnote schließt den Brief.
- ❍ Die Unterschrift ist lesbar oder wird gedruckt wiederholt.
- ❍ Gezielte, selektive Informationen sind dem Schreiben beigefügt.
- ❍ Der Brief wurde in das Texthandbuch aufgenommen.

✓ zutreffend

2. Damit gewinnen Sie Profil: Der eigene Prospekt

Die meisten kleinen und mittelständischen Unternehmen verwenden statt eines eigenen Prospektes die Prospekte ihrer Hersteller, meistens mit eigenem Adresseindruck auf der Rückseite.

Nachteile von Herstellerprospekten

Das ist zwar eine preiswerte Lösung. Wenn Sie verschiedene Fabrikate oder Produktlinien vertreten, hat es aber den Nachteil, dass kaum etwas zusammenpasst. Ein einheitliches Firmenbild kann so nicht entstehen.

Nehmen wir als Beispiel ein Unternehmen, das Bäder saniert. Es bündelt alle Einzelaktivitäten und wirbt mit dem Slogan: *„Alles aus einer Hand.“*

Seinem Angebot fügt das Unternehmen jeweils Prospekte bei über:

- *Waschbecken, WC, Badewanne*
- *Fliesen*
- *Duschabtrennungen*
- *Armaturen*
- *Heizung*
- *Beleuchtung, Spiegel*
- *Badezimmermöbel.*

Da die verschiedenen Hersteller ihre Unterlagen kreativ und unterschiedlich gestalten, wirkt das Ganze wie ein buntes (austauschbares) Sammelsurium. Teilweise widersprechen sich sogar die Aussagen!

Vorteile eines eigenen Prospektes

Ein eigener Prospekt, wenn möglich sogar zielgruppenorientiert gestaltet, vermittelt Kompetenz und bildet Vertrauen. Dabei müssen es nicht immer Großauflagen auf Kunstdruckpapier sein. Schon ab 1.000 Stück lassen sich ansprechende eigene Verkaufsunterlagen anfertigen. Je höher die Auflage wird, desto günstiger ist der Preis des Einzelprospektes. Die Vorkosten für Entwurf, Satz und Litho bleiben gleich.

Wenn Sie sich Gedanken über eine eigene Broschüre machen, ist es ratsam, zunächst über deren Einsatzmöglichkeiten nachzudenken. Daraus ergibt sich auch in etwa der Bedarf für ein, höchstens zwei Jahre.

Ihre Broschüre verwenden Sie:

- als Anlage zu Angeboten,
- als Information nach Direktwerbeaktionen,
- als Handout für Kunden zur Weiterempfehlung,
- auf Messen und Ausstellungen für ernsthafte Interessenten,
- als Anlage zu Ihrer Presseinformation,
- als Verkaufsunterstützung (zum Visualisieren) im Gespräch,
- zur Imagebildung bei Meinungsbildnern.

2.1 Format und Seitenzahl

Die gängigen Formate

Das gängigste Broschürenformat hat die Größe DIN-A3 und ist in der Mitte auf DIN-A4 gefaltet.

Die Reihe DIN-A hat folgende verschiedene Formate:

A0 = 841 x 1189 mm
A1 = 594 x 841 mm
A2 = 420 x 594 mm
A3 = 297 x 420 mm
A4 = 210 x 297 mm
A5 = 148 x 210 mm
A6 = 105 x 148 mm
A7 = 74 x 105 mm
A8 = 52 x 74 mm

Aus den Druckbögen entstehen zum Beispiel A4-Broschüren mit 4, 8, 12 oder 16 Seiten, beim Format A5 sind es 8, 16 oder 32 Seiten.

Häufig benutzt wird auch das Format 2/3 DIN A4. Es hat die Größe 20 x 21 cm und wird gefalzt auf 10 x 21 cm. Dieses Format passt in jede Jackentasche.

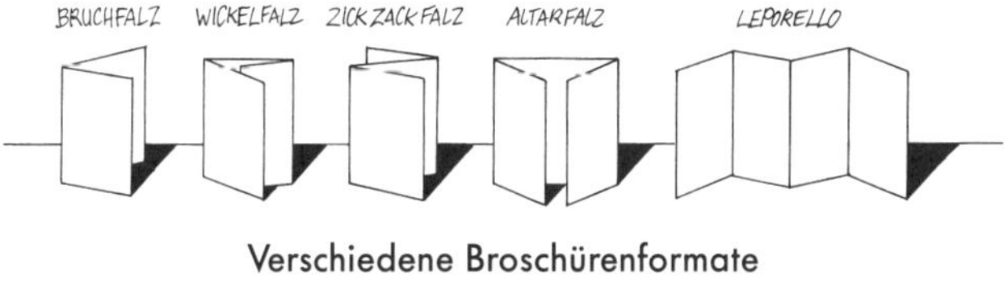

Verschiedene Broschürenformate

2.2 Werden Sie kreativ: Der erste Entwurf

Das Scribble

Jetzt entwerfen Sie Ihre Broschüre. Sie beginnen mit einem *Scribble* (engl.: Skizze), Ihrem ersten Entwurf.

Nehmen Sie sich ein leeres DIN-A3-Blatt und knicken Sie es mittig. Sie erhalten vier Seiten. Auf diesen Seiten ordnen Sie Headlines, Sublines, Bilder, Textblöcke, Grafiken oder Rasterflächen an und legen die Anzahl der Spalten pro DIN-A4-Seite fest.

Fortgeschrittene PC-Anwender machen den Entwurf gleich mit dem Computer, zum Beispiel mit dem Zeichenprogramm CorelDRAW.

Die Titelseite

Wir beginnen mit der Titelseite. Sie ist der „Aufmacher" Ihrer Broschüre und soll anschaulich zeigen, was Sie bieten. Die Titelseite besteht aus drei Elementen:

- Ihrem Firmenlogo,
- einem Bild, einer Bildkombination oder einer Grafik,
- einer interessanten Headline.

Das Firmenlogo platzieren Sie dort, wo es auch auf Ihren anderen Drucksachen, zum Beispiel dem Geschäftspapier, steht, also meistens oben rechts oder links.

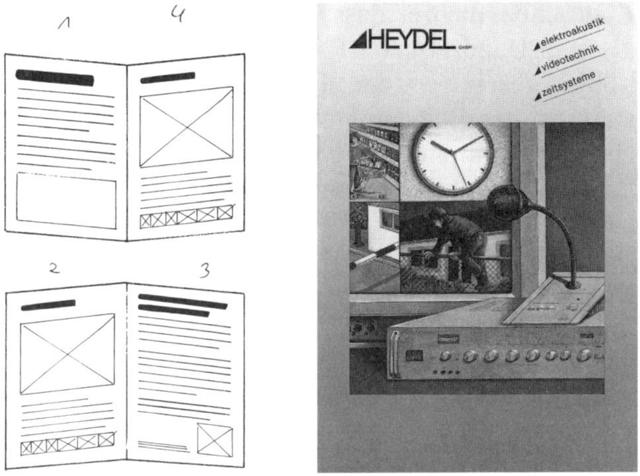

Beispiel für das Layout einer Broschüre

Bild oder Grafik sind großflächig angeordnet. Am besten wählen Sie eine Darstellung, die den Kundennutzen zeigt. Auch zwei oder drei Bilder können geschickt arrangiert werden.

Die Headline ist kurz und knapp, aber aussagefähig. Mit der Titelseite wollen Sie nicht informieren, sondern in den Text hineinziehen.

Das Titelbild

Wie würde nun das Titelbild unseres Beispiels „*Badezimmerbroschüre*" aussehen?

Ein edles Ambiente auf mindestens 20 Quadratmetern, italienische Terrakottafliesen, die Sonne scheint herein, und eine schöne Frau steht unter der Dusche, natürlich nackt.

Das haben Sie schon oft gesehen; es wird immer wieder gedruckt und geht häufig an den Bedürfnissen der Zielgruppe vorbei.

Kinder vor Erwachsenen

Abgesehen davon, dass Badezimmer selten mehr als acht Quadratmeter Fläche haben, dürfen gerne Kinder gezeigt werden. Frauen reden bei der Gestaltung des Badezimmers ein gewichtiges Wörtchen mit, halten sich dort auch meistens länger auf und sind daher ebenfalls Zielpersonen, die anzusprechen sind.

Nun wirbt unser Anbieter ja mit dem Slogan: *„Alles aus einer Hand"*. Und das sollte möglichst auch gezeigt werden. Wie kann das dargestellt werden?

Hier zwei Beispiele:

Auf den beiden Innenseiten 2 und 3 ordnen Sie Überschriften, Bilder und Texte übersichtlich an.

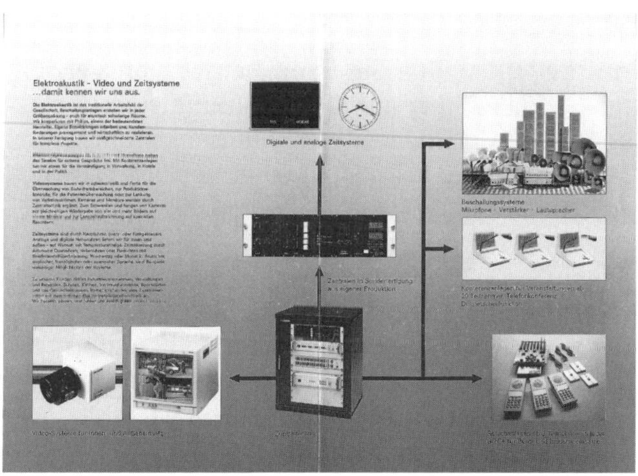

Beispiel für die Innenseiten eines Prospektes

Bilder vor Text

Verwenden Sie möglichst viele aussagefähige Bilder, denn auch hier gilt die Regel: Bilder vor Text. Es sollte aber kein reines „Bilderbuch" werden. Fassen Sie sich mit Ihren Aussagen kurz, sorgen Sie für Lesefreundlichkeit. Marginalien, das sind Randbemerkungen, weisen den Leser auf das Wesentliche hin.

Den Nutzen beschreiben

Beschreiben Sie die Produkte und den Nutzen, den Ihr zukünftiger Kunde davon hat. Gehen Sie auf Ihre Leistung ein, machen Sie ihm klar, warum er gerade Ihnen den Auftrag geben sollte.

Unser Badsanierer würde das so darstellen:

Wir sind Partner der Firmen x, y und z
und haben die meisten Produkte auf Lager.
Unsere Dienstleistung ist komplett: Planung, Ausbau des alten Bades, Entsorgung, Neubau und Koordination aller Arbeiten, Reinigung und „badefertige" Übergabe. Garantierte Einbauzeit.

Auf Seite 4 stellen Sie Ihren Betrieb vor. Verzichten Sie dabei aber auf die Abbildung eines nichtssagenden Gebäudes, Ihres Fuhrparks oder Ihrer Mitarbeiter, die als Gruppenbild vor der Werkstatt stehen.

Sagen Sie mit wenigen Worten, dass Sie zum Beispiel ein Familienbetrieb sind, seit 30 Jahren am Ort sind, zehn Mitarbeiter haben und „Azubis" auf ihren späteren Beruf vorbereiten. Und dass Sie Qualitätsarbeit leisten nach DIN ISO 9000 oder ähnlich.

Beispiel für die Rückseite (Seite 4) eines Prospektes

Besser ohne Selbstdarstellung

Wenn Sie auf diese Selbstdarstellung verzichten können, tun Sie es! Besser wäre an dieser Stelle, Kunden sprechen zu lassen.

Vielleicht mit einem Foto von Frau Schüchtern und ihrer Aussage.

„Zuerst hatte ich ja Angst vor dem, was da auf mich zukommt. Aber dann ging alles ganz schnell. Als die alten Fliesen rausgehauen wurden, hat mich der Meister einfach ins Café geschickt. Schon nach 6 Tagen konnte ich meine neue Badewanne benutzen. Und Putzen brauchte ich auch nicht groß."

Und unter dem Bild von Herrn Kritisch steht:

„Es wurde absolut alles eingehalten, was während der Planung besprochen wurde. Selbst die gewünschten Jugendstilarmaturen waren rechtzeitig da. Und billiger wurde es auch noch, weil sich herausstellte, dass einige Rohre nicht neu verlegt werden mussten.“

Anfahrtsskizze

In einigen Fällen ist es ratsam, wenn ein Abschnitt einer Straßenkarte abgedruckt wird. Das gilt besonders dann, wenn es notwendig oder wünschenswert ist, dass die Kunden zu Ihnen kommen und der Betrieb schwer zu finden ist.

Wenn Sie allerdings einen bekannten Nachbarn haben, können Sie darauf verzichten. Nutzen Sie das aus und schreiben Sie ruhig: *„Gegenüber der Post“* oder *„hinter Aldi abbiegen“*.

2.3 Regeln für die Prospektgestaltung

Beachten Sie bei der Gestaltung Ihres Prospektes folgende Regeln:

Aussagefähige und aktuelle Bilder

- Verwenden Sie aussagefähige Bilder.
  Benutzen Sie nicht unbedingt die, die Sie gerade im Archiv haben.

- Achten Sie darauf, dass Frisuren und Kleidung aktuell sind. Beides ändert sich sehr schnell. Es besteht die Gefahr, dass ältere Fotos ein rückständiges Image vermitteln. Lassen Sie Fotos machen, das lohnt sich allemal. Oder sprechen Sie mit Ihren Lieferanten, ob Sie Aufnahmen aus deren Unterlagen übernehmen können.

- Verzichten Sie auf lange Texte, bevorzugen Sie Bilder. Ein Bild sagt mehr als tausend Worte. Achten Sie darauf, dass die abgebildeten Personen immer in die Prospektmitte schauen, niemals aus dem Prospekt heraus. Durch diese Blickweise wird die Aussage unterstützt.

- Verwenden Sie eine gut lesbare Schrift mit mindestens 9 Punkt Größe und 1 bis 2 Punkt Durchschuss: Das ist der Zeilenabstand. So wird der Text lesefreundlich und ist gut zu erfassen.

- Neben Bildern und Grafiken können Sie Rasterflächen als Gestaltungsmittel einsetzen. Sie können Farben von 10 bis 90 Prozent rastern. Damit werden besondere Aussagen hervorgehoben oder die wesentlichen Aussagen zusammengefasst.

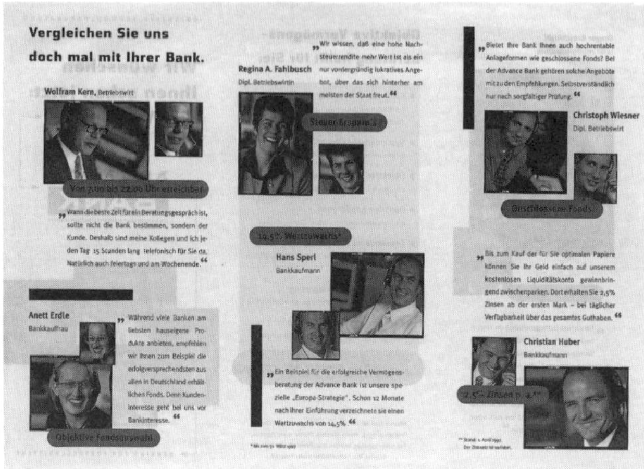

Abgebildete Personen sollten niemals aus dem Prospekt herausschauen

Wirkung von Farben

- Farben unterstützen den Erinnerungswert. Sie bilden Kontraste, erzeugen Stimmungen und beeinflussen Gefühle. Farbberater sagen:

  rot: steht für vital, dynamisch
  gelb: wirkt strahlend, warm
  sonnengelb: vermittelt Wärme, Lebensfreude

Interessante Headlines

- Bemühen Sie Ihre ganze Kreativität, um schöne, interessante Headlines zu finden. Wenn Sie einen neuen, praktischen Handtuchhalter beschreiben, sagen Sie nicht:

  Badezimmerzubehör: Handtuchhalter mit integrierter Heizung,
  sondern: *Komfort kommt vor.*

Es sind häufig die kleinen Wortspielereien, die einen Text interessant machen und zum Lesen veranlassen.

Ein Stuhl oder Sessel: Hier ist Sitzenbleiben keine Strafe.

Freizeitkleidung für besserverdienende Büromenschen: Es gibt ein Leben nach dem Office!

Ein Papierbindegerät: Nur keine Bindungsangst!

sind weitere Beispiele für pfiffige Head- oder Sublines. Man kann sich zwar hinsetzen und versuchen, solche Sätze zu bilden. Das wird meistens nichts. Solche Sätze fliegen einem zu. Und wenn sie angeflogen kommen, schreiben Sie sie auf. Sie können sie sicher irgendwann benutzen.

Preisnennung vermeiden

Vermeiden Sie es unbedingt, Preise zu nennen, besonders wenn Ihre Broschüre länger aktuell bleiben soll. Wenn Sie Preise nennen müssen oder wollen, verwenden Sie ein Einlegeblatt, das am Rand etwas beschnitten wird, also um Millimeter kleiner als DIN-A4 ist.

Einlegeblatt mit Preisen

2.4 Jetzt wird gedruckt!

Ihr Entwurf gefällt Ihnen? So soll Ihr Prospekt aussehen? Dann geht es an die Produktion. Doch halt, sollte nicht zuvor noch jemand die Wirkung Ihres Layouts beurteilen? Zeigen Sie den Prospekt Mitarbeitern und Unbeteiligten, lassen Sie Ihre Broschüre wirken und kritisieren. Fügen Sie sinnvolle Korrekturen ein.

Papiermuster anfordern

Ist das geschehen, müssen Sie Papierqualität und Stärke festlegen. Dazu holen Sie sich vom Drucker ein Papiermusterbuch. Darin finden Sie vom Kunstdruckpapier über Pergament und Karton bis zum Dünndruckpapier alles, was Sie verwenden können.

Für Ihren Prospekt empfiehlt sich eine Papierstärke von 90 bis 100 g/m^2, für hochwertige Produkte und Dienstleistungen 120 g/m^2 und höher.

Ringösen erleichtern das Abheften

Zur Ausstattung gehört auch, eventuell über eine Möglichkeit zum Abheften Ihres Prospektes nachzudenken. Wenn Sie erwarten können, dass Ihr Prospekt längere Zeit aufbewahrt wird, sollten Sie ihn mit Ringösen ausstatten. Das ist kostengünstig und schöner, als wenn Ihrem Werk durch einen Locher viel von seiner Wirkung genommen wird.

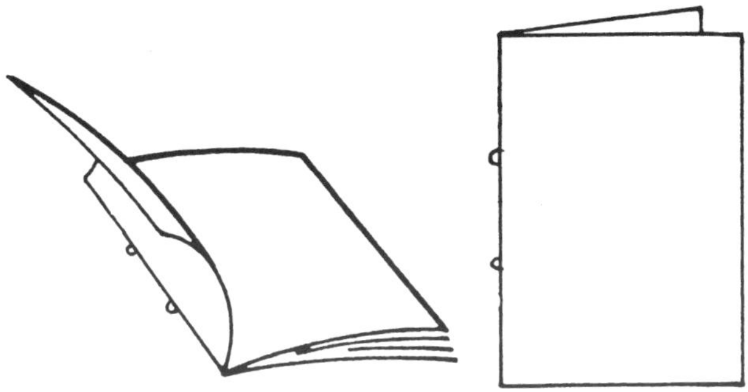

Prospekt mit Ringösen

Antwortkarte integrieren

Eine integrierte Antwortkarte macht Ihren Prospekt zum Dialogwerbemittel. Sie kann auf den Seiten 3 und 4 perforiert integriert oder durch zwei ablösbare Klebepunkte eingeklebt sein. Für die Antwortkarte müssen Sie Papier mit einer Stärke von 170g/m^2 verwenden. Das schreibt die Post AG vor.

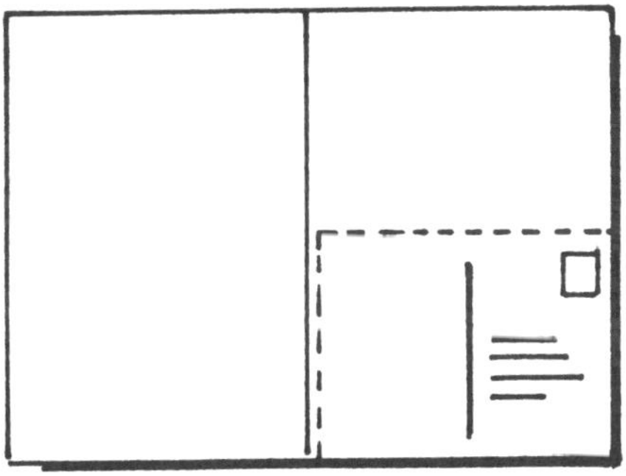

Antwortkarte

Preise vergleichen

Holen Sie unbedingt Preise von verschiedenen Druckern ein und achten Sie darauf, dass die Preise vergleichbar, d. h. alle Leistungen identisch sind. Auch bei gleichen Leistungen differieren die Preise häufig bis zu 30 Prozent. Das hängt mit

Auslastung und Standort zusammen. Lassen Sie sich auch Preise für einen Nachdruck nennen. Dann sind Sie ganz sicher und erleben keine bösen Überraschungen.

So könnte Ihre Anfrage aussehen:

Gestaltung einer Anfrage

Prospekt, DIN-A3 auf DIN-A4 gefaltet
Papier: holzfrei, Bilderdruck, 170g/m²

4/4 – farbig, Euroskala
Satz: Neusatz nach Vorgabe
Repro: Lithos nach Layout
Ausstattung: 2 Ringösen zum Abheften
Verpackung: 100 Stück
Auflage: 2.000
Auflage alternativ: 3.000

Nachdruck ohne Änderungen:
1.000 innerhalb von 12 Monaten

2.5 Sie haben noch mehr zu sagen?

Bisher haben wir über die Verkaufsbroschüre gesprochen, die in sich abgeschlossen ist und Produkte, Anwendungen, Dienstleistungen umfasst.

Einlegeblatt

Möchten Sie das Angebot der Broschüre ergänzen, schaffen Sie ein Applikationsblatt, das Sie bei Bedarf beilegen. Auf diesem Blatt, meistens in DIN-A4 beidseitig bedruckt, können Sie ergänzende Leistungen oder besondere Angebote beschreiben.

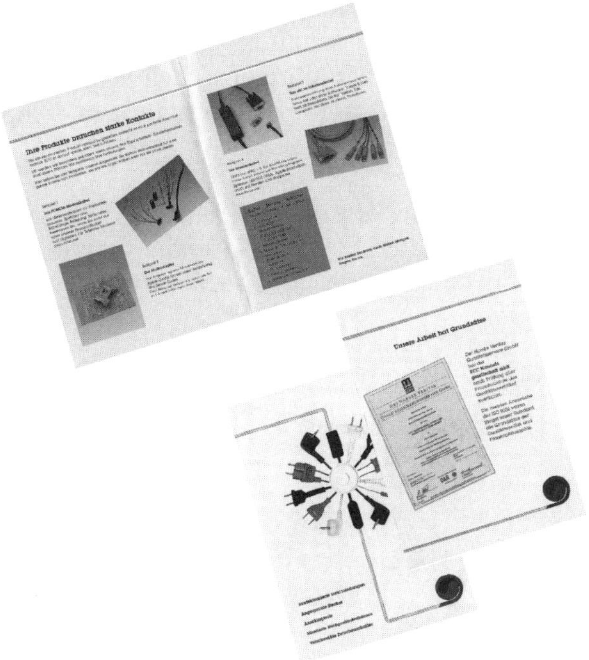

Prospekt mit Einlegeblättern

Bei unserem Badsanierer sind das zum Beispiel:

- *eine Sauna, die er auf Wunsch auch einbauen würde,*
- *der passende Whirlpool dazu*
- *oder die Spezialbadewanne mit Lift für Behinderte.*

2.6 Ordnung muss sein: Angebotsmappen

Einlegemappen

Um nicht zu viele lose Blätter zu haben, ist es von Vorteil, wenn Sie Ihr gesamtes Angebot in einer Einlegemappe überreichen oder übersenden.

Standardhüllen

Dazu können Sie Standardhüllen verwenden oder eine eigene Mappe schaffen, die Ihr Firmenbild prägt. Sie können sie übrigens auch sehr gut für die Herausgabe von Presseinformationen benutzen.

Wird die Mappe, wie in unserem Beispiel, angefertigt, muss aus Stabilitätsgründen mindestens eine Papierstärke von 170 g/m^2 verwendet werden.

Einlegemappe mit einzelnen Blättern

2.7 Information total: Der Katalog

Werden Broschüre und Applikationsblätter zusammengefasst, entsteht langsam ein Katalog. Aufbau, Wirkung und Streuung eines Kataloges müssen gut geplant werden. Da die Herstellung kostenintensiv ist, muss er meistens länger leben und aktuell bleiben.

Angebotskataloge

Der Angebotskatalog ist stark durch werbliche Elemente geprägt. Er wird zum Beispiel von Versandhandel, Reiseveranstaltern, Möbelhäusern und Gartencentern benutzt und wendet sich an den Endverbraucher.

Beispiel: Angebotskatalog

Fachkataloge

Der Fachkatalog informiert über technische Details, wendet sich zum Beispiel an Wiederverkäufer und Einkäufer und dient als Nachschlagewerk für Vertreter und Außendienst. Er wird nach Produktgruppen sortiert und hat ein Register zum schnellen Auffinden.

Fachkataloge dienen in erster Linie der Information und werden daher gerne in schwarzweiß gedruckt. Wenn Sie sich ein Grundlayout geschaffen haben, können Sie die Vorarbeiten für den Katalog gut selbst am PC machen. Bilder lassen sich mit einfachen Mitteln scannen und die Daten schnell aktualisieren. Im Gegensatz zur Verkaufsbroschüre erwartet man, dass die Werte und Daten eines Kataloges aktueller sind.

2.8 Gedrucktes zum Streuen

Flyer (Florpost)

Ihre Verkaufsbroschüre wird, je nach Auflage, zwischen 1 und 5 DM kosten. Damit ist sie viel zu teuer, um breit gestreut zu werden. Mit einem Flyer, auch Florpost genannt, transportieren Sie Ihre Botschaft kostengünstig. Plakativ und einfach wird der Kundennutzen gezeigt.

Hier sind zwei Beispiele:

Zwei Flyer

Beide Flyer wurden auf Dünndruckpapier mit einer Stärke von 30 g/m^2 gedruckt. Sie eignen sich daher sehr gut, um sie routinemäßig jeder Korrespondenz beizulegen, ohne Portogrenzen zu überschreiten.

Zeitungsbeilagen werden meistens ebenfalls nach Gewicht berechnet; auch dafür sind die Flyer gut geeignet.

Tipp: Lassen Sie Ihre Flyer etwas kleiner schneiden als DIN-A4, dann können Sie sie ohne Überstand in Broschüren und in Ihre Kundenzeitung einlegen.

Verwendungszweck bedenken

Wenn Sie den Flyer Ihrer Korrespondenz, zum Beispiel Rechnungen, beilegen, wird er wahrscheinlich gefaltet, damit er in einen C6-Umschlag passt. Achten Sie schon beim Layout darauf, dass der Knick nicht unglücklich durch ein Bild oder eine Headline läuft.

Streumöglichkeiten für einen Flyer:

- Beileger für Direktwerbeaktionen
- in Einkaufstüten einlegen
- Streuinformation auf Messen
- Streuinformation auf dem Verkaufstresen
- Einwurf in Briefkästen in der Nachbarschaft.

2.9 Auch Gebrauchsanweisungen verkaufen

Mögliche Fehlerquellen

Gebrauchsanweisungen sind ein Feld, auf dem besonders stark gesündigt wird. Manchmal bringt das Gedruckte Anwender zum Schmunzeln, wenn der Übersetzer für ein ausländisches Produkt unfreiwillig Stilblüten eingebaut hat.

Was jedoch viel schlimmer ist: Oft sind Handgriffe lückenhaft oder gar nicht beschrieben, oder sie sind einfach unlogisch und für den Kunden nicht nachvollziehbar.

Probe aufs Exempel machen!

Versuchen Sie selbst einmal, entsprechend Ihrer Gebrauchsanweisung vorzugehen. Schalten Sie Ihr Vorwissen aus und verfahren Sie genau so, wie es dargestellt ist. Denn so erlebt es auch Ihr Kunde.

Texte, Bilder, Nummerierungen müssen stimmen und eindeutig sein. Es darf nichts einfach vorausgesetzt werden.

> Gute Gebrauchsanweisungen sind ein wichtiger Beitrag zur Kundenzufriedenheit.

2.10 Checkliste für die erfolgreiche Broschürengestaltung

- ❍ Die Broschüre hat eine Botschaft. Titel, Bild und Headline sind schnell zu erfassen.
- ❍ Die Corporate Identity wurde eingehalten, das Layout ist für das Unternehmen typisch.
- ❍ Die Texte sind knapp und präzise und sprechen die Sprache der Zielgruppe.
- ❍ Der Kundennutzen wird deutlich herausgestellt.
- ❍ Headlines, Texte und Bilder sind logisch angeordnet.
- ❍ Die abgebildeten Personen blicken in die Bildmitte. Die Abbildungen sind zeitgemäß, modern.
- ❍ Wiederverkäufer haben Platz für einen Eindruck.
- ❍ Papiermuster wurden angefordert, die Papiersorte ausgesucht.
- ❍ Der Bedarf wurde für mindestens 18 Monate ermittelt.
- ❍ Eine Verteilstrategie wurde überlegt und festgelegt.

✓ zutreffend

3. Lass Kunden sprechen

Vor vielen Jahren besuchte ich ein Managementseminar. Ich betrat wenige Minuten vor Beginn forschen Schrittes den Raum, in dem sich bereits einige Teilnehmer und der Seminarleiter aufhielten.

Mein *„Guten Morgen"* klang, glaube ich, noch frisch und dynamisch. Der Seminarleiter schaute kurz auf, blickte dann wieder auf seine Unterlagen, um erneut aufzublicken und mich länger eindringlich zu mustern.

Dann sagte er: *„Was wollen Sie denn hier?"*

„An Ihrem Seminar teilnehmen", lächelte ich ihn bereits leicht verunsichert an.

„Aber wir erwarten hier nur ausgesprochene Spitzenleute."

Mir wurde heiß und kalt, am liebsten wäre ich im Erdboden verschwunden. Ich schluckte und stammelte schließlich: *„Man hält mich wohl dafür, denn ich wurde eingeladen."*

Er lächelte, nickte und forderte auf, mich zu setzen. Ich hatte einen der Programmpunkte auf diese Weise leidlich bestanden: Ich hatte bestätigt, dass „man" mich für einen Spitzenmann hält.

Es ist natürlich auch schwer, von sich selbst zu behaupten *„Ich bin ein Spitzenmann"*, es sei denn man heißt Cassius Clay, dem das leicht über die Lippen kam: *Ich bin der Größte!*

Die Bedeutung von Referenzen

Referenzen und positive Aussagen sind in jeder Akquisitionsphase – geschrieben oder gesprochen – außerordentlich wichtig. In die richtige Form gebracht, besitzen solche Statements eine hohe Glaubwürdigkeit.

Das ist Reklame

„Werben mit Konzept" ist mir wirklich sehr gut gelungen. Ein praktisches Buch, dass meine ganze Erfahrung widerspiegelt und hervorragend geeignet ist, jedermann auf die Sprünge zu helfen.

Wie hört sich das an? Schrecklich und marktschreierisch. Mir sträubt sich die Feder.

3.1 Die Umlastung auf Dritte

Besser als das verpönte Eigenlob ist eine neutrale Formulierung in der „man-Form".

Das klingt dann so:

Werbung in neutraler Form

„Werben mit Konzept" ist dem Autor wirklich sehr gut gelungen. Man hat damit ein praktisches Buch, dass Erfahrung widerspiegelt. Es kann jedermann auf die Sprünge helfen.

Diese Form ist sachlich und enthält eine Meinung, von der man allerdings nicht weiß, wer sie äußert. Deshalb hat die Aussage kein besonderes Gewicht.

Am stärksten wird diese Aussage, wenn sie von jemandem getroffen wird, den wir zitieren können:

Das ist Werbung

Thomas Clever, Vertriebsassistent:

„‚Werben mit Konzept‘ vermittelt Erfahrung und Wissen, das sich wirklich sofort sehr gut in die Praxis umsetzen lässt. Jedermann findet darin Tipps. Ich bin neugierig auf Teil 3.“

So hat die Aussage die höchste Wirkung, weil der Vertriebsassistent die Kompetenz hat, ein Urteil abzugeben.

Was Sie gelesen haben, ist ein Beispiel. Thomas Clever habe ich erfunden. Die Aussage ist also nicht wahr! Und das ist schlecht.

Überprüfbare Statements

Nicht alles, was wahr ist, müssen wir sagen. Aber alles, was wir sagen, muss wahr sein!

Urteilende Statements müssen grundsätzlich wahr und nachprüfbar sein.

Mein Buchmanuskript überarbeitet eine Lektorin. Frau Dr. Sonja Klug, selbst Autorin erfolgreicher Fachbücher, schrieb mir kürzlich: „Ich habe Teil 2 lektoriert. Er ist interessant und liest sich gut.“ Diese Aussage ist wahr und hat Kompetenz.

Wenden Sie die Technik der „Umlastung auf Dritte“ so häufig wie möglich an. Im Laufe Ihrer Vertriebstätigkeit stoßen Sie oft auf Aussagen, die Sie verwenden können. Fragen Sie sofort nach, ob Sie das dürfen. Bauen Sie solche Aussagen Dritter in Ihre Gespräche und in Ihre Unterlagen ein.

Beispiele für Aussagen Dritter

Bei Duolever ist man clever
Dr. Knete, Leiter des Finanzbereiches:

„Mit der neuen ISDN-Telefonanlage haben wir nicht nur die Kosten gesenkt. Wir sind, im Interesse unserer Kunden, auch schneller und besser erreichbar."

Saisongeschäft ausgeweitet
Bernd Schlummer, Hotelmanager:

„Unser Gartengeschäft lief bisher zufriedenstellend, war aber natürlich immer wetterabhängig. Der Wintergarten von ‚Holz und Ambiente' macht uns jetzt saisonunabhängig. Selbst im Dezember nutzen ihn Restaurantgäste. Das Gastronomiegeschäft hat sich in 2-stelligen Prozentzahlen ausgeweitet."

Foto nicht vergessen

So können Aussagen Dritter in Broschüren, Berichten, Verkaufsunterlagen stehen, ohne dass es aufdringlich wirkt. Ergänzen Sie das Statement möglichst durch ein Foto, wie bereits in Kapitel 2 für Ihre Broschüre vorgeschlagen. Je bekannter der oder die „Dritte" ist, desto höher ist natürlich der Stellenwert der Referenz.

In Kapitel 4 wenden wir uns einem weiteren Kommunikationsmedium zu: der Kundenzeitschrift. Die Methode, „Dritte“ sprechen zu lassen, können Sie auch dabei hervorragend anwenden, und zwar indem Sie ganze Beiträge von kompetenten Autoren verfassen lassen.

3.2 Referenzen bergen Tücken

Während Ihres Verkaufsgespräches werden Sie möglicherweise gefragt: „Wo haben Sie so etwas denn schon gebaut, geliefert?“

Bevor Sie eine Referenz nennen, müssen Sie sich vergewissern, dass es tatsächlich noch eine Referenz ist. Wenn Sie von einem Kunden längere Zeit nichts gehört haben, rufen Sie am besten vorher mal an.

Vorsicht Falle!

„Anfangs war alles sehr schön und wir waren sehr zufrieden. Aber nun mussten wir doch schon die Fugen ausbessern lassen und die Leisten fallen auch immer ab.“

Das ist ein Statement, das all Ihre Bemühungen zunichte macht.

„Die Fugen waren nicht ganz in Ordnung und einige Leisten fielen ab. Die waren aber sofort da, als wir das gemeldet haben. Seitdem wird öfter mal angerufen und gefragt, ob wir zufrieden sind."

So sollte es sein. Diesen Kunden können Sie bedenkenlos als Referenz nennen und in Ihren Unterlagen zitieren.

4. Die Kundenzeitschrift

Sich von anderen positiv abheben

Kundenzeitschriften müssen aktuell, lebendig und interessant gestaltet sein. Diese Form der Kommunikation boomt zur Zeit besonders. Fast täglich treffen auf den Tischen von Kunden und Interessenten Exemplare ein. Damit konkurriert Ihre Kundenzeitung. Sie muss sich deutlich positiv von anderen unterscheiden. Mehr als anderswo kommt es bei diesem Kommunikationsinstrument auf die Herausarbeitung des Vorteils an, den der Leser hat, wenn er sich mit Ihrer Zeitung beschäftigt.

Medien

Kundenzeitschriften

Stadtwerke weit vorn

■ Die im vergangenen Jahr neugestaltete Kundenzeitschrift der Stadtwerke Hannover AG („Energie & Co.“)liegt in einer von der Marketing-Fachzeitschrift Horizont erstellten Rangliste auf Platz 9. Untersucht wurden ingesamt 274 Kundenzeitschriften aus der gesamten Bundesrepublik, die Rangliste erfaßt die besten 20. Mit dabei aus Niedersachsen ist auch die Kundenzeitschrift der Nord/LB. An der Spitze: die Zeitschrift von Mercedes-Benz.

Vorsicht „Rosinenpicker“

Der Empfänger wird von einer Fülle von Informationen in verschiedenster Form überschwemmt. Er muss selektieren und wird nur solche Medien auswählen, die ihm einen persönlichen Nutzen bringen.

Der „Knackpunkt“ vieler Kundenzeitschriften ist der Mangel an interessanten Themen. Es reicht für die erste Ausgabe, vielleicht noch für die zweite und dann wird es dünn: Verlegenheitsthemen füllen die Seiten und interessieren kaum jemanden.

Sie brauchen eine langfristige Zielsetzung, ein festes Konzept mit konsequenter redaktioneller Linie. Sie brauchen einen roten Faden.

4.1 Planung in drei Phasen

Wenn Sie eine interessante Kundenzeitung für machbar halten, beginnen Sie die Vorbereitungen in drei Phasen:

Zielgruppe

Phase 1: Überlegen Sie sich genau, wer die Zeitung bekommen soll, für wen Sie schreiben und wie die Zeitung zum Empfänger kommt.

Der Versand, zum Beispiel per Post, kann Auswirkungen auf das Format haben, weil sich danach die Portokosten richten. Die Versandkosten sind manchmal höher als die Herstellungskosten der Zeitung.

Themensammlung

Phase 2: Legen Sie eine Themensammlung an, die mindestens für drei bis vier Ausgaben ausreichend ist.

Gehen Sie dabei kritisch vor: Handelt es sich wirklich um Informationen, die dem Leser Nutzen bringen? Er darf keinesfalls den Eindruck gewinnen, dass ihm Zeit gestohlen wird. Ein Bericht über Ihre Betriebskegelmannschaft gehört nicht in die Zeitung, auch wenn sie einen noch so schönen Pokal gewonnen hat.

Delegation

Phase 3: Beauftragen Sie jemanden intern oder extern, das Projekt Kundenzeitung durchzuziehen.

Glauben Sie nicht, dass diese Arbeiten zusätzlich neben dem normalen Tagespensum erledigt werden können. Delegieren Sie und geben Sie die nötigen Befugnisse, Redaktionskonferenzen zu veranstalten sowie verbindliche Termine für Textbeiträge und Informationen zu setzen.

Redaktionskonferenz

Farbig oder schwarzweiß?

Sind diese Phasen abgeschlossen, geht es an die Realisierung. Eine Kundenzeitung muss nicht unbedingt vierfarbig in hochwertiger Aufmachung gedruckt werden. Einiges kann man allerdings nur in Farbe wirkungsvoll zeigen, zum Beispiel

Möbel und Oberbekleidung. Und wenn ein Innendekorateur Farben und Tapeten zeigen will, verbietet sich der Schwarzweiß-Druck ebenfalls. In vielen Fällen reicht jedoch der typische Zeitungsdruck, zweifarbig, also mit einer Schmuckfarbe aus.

Bringen Sie den Titel in Farbe und benutzen Sie die Farbe als gestalterisches Element, heben Sie Texte durch gerasterte Flächen hervor und gestalten Sie Ihre Kundenzeitung interessant und lesefreundlich.

Boulevardblatt oder Magazin?

Wenn Ihre Zielgruppe Handwerker sind, die Sauna-Blockhäuser errichten, kann Ihre Kundenzeitung die Anmutung einer Boulevardzeitung haben.

Beispiele für kundenorientierte Zeitungen

Hausbesitzern bringen Sie Ihr Programm – Sauna/Whirlpool/Bräuner – besser in einem hochwertig wirkenden Magazin nahe.

Die Zeitung spiegelt das Unternehmen

Die Gestaltung muss natürlich zur Corporate Identity Ihres Unternehmens passen und Ihren allgemeinen Auftritt widerspiegeln.

Häufig hat die Kundenzeitung eine bündelnde Funktion: Sie zeigt verschiedene Aktivitäten Ihres Hauses, die sonst getrennt operieren.

4.2 Die Titelwahl

Die meisten Kundenzeitungen nennen sich in Anlehnung an Verkaufs- oder Publikumszeitungen *Journal, Magazin, Mitteilungen* oder ähnlich.

Natürlich ist es nicht so ganz einfach, einen einprägsamen Titel zu finden.

Negativ-Beispiele für Titel

- *Bäder-Journal*
- *Beleuchtung heute*
- *Natur und Gesundheit*
- *Sicherheitsmagazin*
- *Trend*
- *Contact*

sind Beispiele für Titel, die schnell untergehen und vergessen werden, wenn Sie nicht für ein unverwechselbares Erscheinungsbild sorgen.

Geben Sie der Titelseite ein auffallendes Layout. Beauftragen Sie einen Gestalter, Ihnen Vorschläge zu machen.

Das Geld ist gut investiert, denn Ihre Zeitung soll ja lange leben.

Originelle Titel

In Hamburg gibt es eine Veranstaltungszeitung mit dem einmaligen Titel *„OXMOX“* und hohem Bekanntheitsgrad.

Während meiner Tätigkeit für Philips hatten wir neben verschiedenen Kundenzeitungen mit Titeln wie *„Journal“* und *„Aktuell“* eine Zeit lang auch *„AUSPEX“*.

Von dem Titel spricht man heute, nach Jahren, noch. *„Sie hatten da doch mal etwas in AUSPEX über ... geschrieben“*, heißt es dann, obwohl an anderer Stelle darüber berichtet wurde. Auch durch die Wahl eines außergewöhnlichen Titels können Sie also zu einer gewissen Unverwechselbarkeit beitragen.

4.3 Erscheinungsfrequenz und Umfang

3 bis 4 Hefte pro Jahr

Damit Ihre Zeitung die gewünschte Resonanz hat, muss sie einigermaßen regelmäßig erscheinen. Eine Faustregel sagt: 3 bis 4 mal pro Jahr sollten die Leser etwas von Ihnen hören, damit sich im Laufe der Zeit eine Meinung bildet.

Durch eine regelmäßige Erscheinungsweise binden Sie Kunden mit positiven Kontakten an Ihr Unternehmen und fördern die Erinnerung.

Umfang immer beibehalten

Legen Sie den Umfang Ihrer Zeitung von vornherein fest und behalten Sie ihn bei. Nichts ist schlimmer, als wenn Sie mit 12 Seiten beginnen und dann, aus Kostengründen oder Themenmangel, auf 8 oder sogar nur 4 Seiten heruntergehen müssen. Weniger Seiten sollten Sie nur akzeptieren, wenn Sie zum Beispiel eine Sonderausgabe anlässlich einer Messe oder aus ähnlichem Anlass drucken lassen wollen. Kennzeichnen Sie die Ausgabe dann als *„Aktuelle Sonderausgabe"*.

4.4 Vom Bedarfsdecker zum Bedarfswecker

Feste Sparten einrichten

Wenn möglich, sollten Sie Ihrer Zeitung auch eine Struktur im Seitenaufbau geben. Schauen Sie sich das bei Magazinen und Zeitungen ab. Die einzelnen Sparten stehen immer an den gleichen Stellen. Für den Leser wird Ihre Zeitung damit zu einer effizienten Lektüre, weil er schnell die Themen auswählen kann, die ihn gerade interessieren.

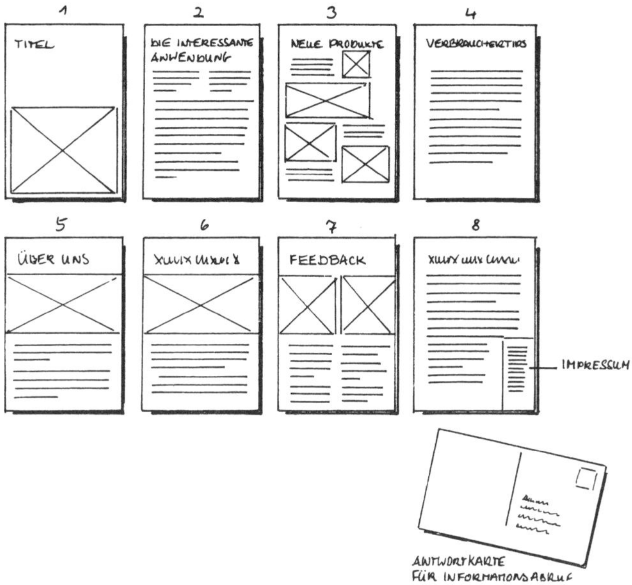

Beispiel für die Gestaltung einer Zeitung

Beispiele für Sparten

„Die interessante Anwendung"
berichtet über ein Projekt, das Sie realisiert haben, und stellt den Anwendernutzen in den Vordergrund.

„Neue Produkte und Dienstleistungen"
Hier zeigen Sie, was es Neues gibt, und bieten dem Leser zusätzlich Informationen an.

„Verbrauchertipp"
Ein Werkstattleiter erzählt, wie man Rotweinränder spurlos vom Kiefernholztisch entfernt.

„Über uns"
enthält die Ankündigung für den Tag der offenen Tür oder für ein Seminar – und die Gründe, warum Dabeisein so wichtig ist.

An dieser Stelle ist die Gefahr groß, dass die Kundenzeitung mit einer Mitarbeiterzeitung verwechselt wird.

Kunden und Mitarbeiter unterscheiden!

Es ist natürlich gut, über die Menschen zu berichten, die den Betrieb bilden. Aber bitte immer aus Kundensicht und im Kundeninteresse!

Dass Ihre Sekretärin 25 Jahre im Betrieb ist und einer Tanzsportgruppe angehört, ist für den Leser uninteressant. Wenn sie aber für die Seminaranmeldung zuständig ist und daher persönlichen Kontakt zu den Kunden hat, sollten diese unbedingt wissen, an wen sie sich wenden können.

„Feedback"
bringt den Abdruck eines Presseberichtes, den die Regionalzeitung über das Unternehmen gebracht hat, oder den Auszug eines Referenzschreibens.

Worauf Sie verzichten sollten

Der „Aufmacher" vieler Kundenzeitungen ist häufig ein mehr oder weniger großes Porträt des Firmenchefs, meistens auch noch auf der Titelseite. Darunter steht dann:

Liebe Leser,

vor Ihnen liegt die dritte Ausgabe
unserer Kundenzeitschrift, und ich
freue mich über die gute Resonanz.

Es folgt weiteres Bla-Bla.
Meistens schließt es dann so:

In diesem Sinne wünsche ich mir
auch weiterhin eine gute Zusammenarbeit
und bin Ihr ...

Mit einer schwungvollen Unterschrift endet die Selbstdarstellung, die so gar nichts Interessantes enthält. Ich lese diese Texte berufsbedingt immer und finde sie meistens überflüssig.

Wann Sie etwas sagen sollten oder müssen

Es gibt allerdings auch Situationen, zu denen von einem Firmenchef ein Statement erwartet wird:

- Neuer Betriebszweig aufgebaut
- Betriebsteile geschlossen
- Konkurs eines Lieferanten
- Umwelteinflüsse auf Ihr Unternehmen
- Rückrufaktionen

usw.

Dazu müssen Sie etwas sagen und dürfen keinesfalls „kneifen". Nehmen Sie sich Wirtschafts- oder andere Magazine als Vorbild: Im Editorial des Herausgebers finden Sie, wie es gemacht wird.

4.5 Sensibel texten!

Objektive Informationen

Viele Verbraucher stehen jeder Art von Werbung ablehnend oder zumindest zurückhaltend gegenüber. Kaufentscheidungen werden möglichst nach objektiven Informationen getroffen. Darauf müssen Sie bei den Textarbeiten für Ihre Zeitung unbedingt achten!

Keine Werbetexte

Keinesfalls dürfen Sie den Werbetext Ihrer Verkaufsbroschüren unbesehen übernehmen. Hier sind noch leisere, informative Töne und absolute Sachlichkeit angesagt! Beschreiben Sie Hintergründe und geben Sie Fakten, die nicht bereits alle in Ihren Verkaufsunterlagen stehen.

Zeigen Sie Kompetenz

Prüfen Sie, ob Sie in Ihrer Publikation über besonders zukunftsrelevante Themen eine Diskussion initiieren können. Halten Sie sich alle Möglichkeiten offen, lassen Sie kompetente Dritte zu Wort kommen. Versuchen Sie, eine führende Rolle in der Meinungsbildung zu übernehmen. Machen Sie aus Ihrer Kundenzeitung ein Dialogmedium.

Druckfeler
Wenn Sie einen Druckfehler finden, bedenken Sie bitte, dass er beabsichtigt ist. Unsere Zeitung bringt für jeden etwas, denn es gibt immer Leute, die nach Fehlern suchen.
(Aus einer finnischen Tageszeitung)

4.6 Kennziffernservice: Wer fragt, bekommt Antwort

Ein interessantes Projekt, eine sinnvolle Kundenlösung kann oft nicht in allen Einzelheiten beschrieben werden – und sollte es auch nicht! Geben Sie interessierten Lesern Gelegenheit, zusätzlich Informationen anzufordern. Versehen Sie Ihre Beiträge, zu denen es vertiefende Unterlagen gibt, mit einer Kennziffer:

Zum Beispiel so:

01 Unter dieser Kennziffer erhalten Sie die kompletten Planungsunterlagen.
02 Mit dieser Kennziffer rufen Sie einen Sonderdruck der neuen DIN-Vorschriften ab.

○ Für ein weiteres Exemplar dieser Ausgabe besteht Interesse bei:

○ Schicken Sie auspex in Zukunft auch an:

(Bitte ankreuzen)

Name ______________
Titel/Funktion ______________
Firma ______________
Straße ______________
PLZ/Ort ______________

Antwort

Philips AG Industrial Electronics
Kommunikations- und Sicherheitssysteme
Postfach 360
Riedstrasse 12

CH-8953 Dietikon

auspex

Absender
(Bitte Druckbuchstaben oder Stempel)
Firma ______________
Straße ______________
PLZ/Ort ______________
Telefon ______________
Zu Hd. von ______________

Uns interessieren die angekreuzten Themen.

Kennziffer:

01	02	03	04	05
06	07	08	09	10

PHILIPS

Vorder- und Rückseite einer Abrufkarte

Abrufkarte und Faxbogen

Integrieren Sie eine Abrufkarte oder einen Faxbogen in Ihre Zeitung. Abgerufene Unterlagen versenden Sie sofort, postwendend. Und dann beginnt die konsequente Nachbearbeitung der Anforderungen.

4.7 Ein Impressum muss sein

Jedes periodisch erscheinende Druckwerk muss nach dem Pressegesetz mit einer Ursprungsangabe – eben dem Impressum – versehen sein.
Es enthält:

Was im Impressum stehen sollte

- den Herausgeber,
- den für den Inhalt Verantwortlichen,
- die Druckerei –

jeweils mit Anschrift. Außerdem:

- die Auflagenhöhe und
- die Nachdruckbedingungen.

IMPRESSUM

Herausgeber und verantwortliche Redaktion:
Oluf Böhme

Böhme Nachrichtentechnik:
Neue Straße 38, 2071 Siek, Tel. 0 41 07 / 73 60
Fax 04107 / 9153

Satz und Druck: Repro-Wandsbek, Hamburg

Nachdruck mit Quellensngabe gern gestattet.
Beleg erbeten.

Impressum der Zeitung „Böhme aktuell"

4.8 Freigabe von Dritten einholen

Wenn Sie in Ihrem Text Kunden erwähnen oder Lösungen beschreiben, denken Sie daran, unbedingt die Freigabe zur Veröffentlichung einzuholen.

Niemanden ungefragt nennen!

Coca Cola hat als weltweit operierendes Unternehmen möglicherweise etwas dagegen, dass Sie das Unternehmen in Ihrer Zeitung erwähnen, nur weil Sie die Beleuchtung für eine Flaschenabfüllanlage geliefert haben.

Und dem neuen, alten Hotel Adlon in Berlin ist es aus sicherheitstechnischen Gründen vielleicht gar nicht recht, dass Sie schreiben, für die VIP-Vorfahrt eine Videokamera geliefert zu haben.

Bilder und Fotos

Auch Bilder müssen Sie sich freigeben lassen. Jeder Fotograf besitzt ein Urheberrecht an der von ihm abgelichteten Aufnahme. Das bedeutet allerdings nicht, dass er allein berechtigt ist, über die Rechte an diesem Bild zu verfügen. Immer wenn eine fremde Rechtsposition berührt wird, weil bei den abgebildeten Personen oder Gegenständen Rechte bestehen, wird bei der Nutzung der Fotos auch über die Rechte der abgebildeten Personen und Gegenstände entschieden.

Personen

Bei abgebildeten Personen ist prinzipiell deren Einwilligung erforderlich. Ausnahmen gibt es nur, wenn Personen der Zeitgeschichte oder Personen in Zusammenhang mit zeitgeschichtlichen Ereignissen abgelichtet wurden. Eine Veröffentlichung ist in diesem Fall auch dann gestattet, wenn die gezeigte Person nicht Thema der Aufnahme ist. Wenn der Wirtschaftsminister Ihren Messestand besucht, darf das Bild ohne Rückfrage auch dann veröffentlicht werden, wenn andere Besucher zu erkennen sind.

Lassen Sie sich die Freigabe schriftlich geben. Schicken Sie Ihr Textmanuskript zur Freigabe. Tun Sie es nicht, könnte bei Beanstandung verlangt werden, dass die gesamte Auflage Ihrer Zeitung eingestampft wird.

4.9 Wer nachfragt, kann sich orientieren

Fragen Sie die Leser nach ihrer Meinung

Nachdem einige Ausgaben Ihrer Zeitung erschienen sind, wird es interessant sein, ein Feedback zu bekommen. Verschicken Sie mit der nächsten Ausgabe eine Leserbefragung, verbunden mit einer Verlosung.

So könnte die Befragung aussehen:

Guten Tag, lieber Leser,

wir bitten Sie um die Beurteilung unserer Kundenzeitschrift. Wir möchten sie so gestalten, dass Sie Nutzen daraus ziehen. Deshalb ist uns Ihre Meinung wichtig.

Wir haben einen Fragebogen vorbereitet, mit dem Sie uns in wenigen Minuten die Meinung sagen.

Um Ihnen diese kleine Arbeit zu versüßen, haben wir ein Preisausschreiben vorbereitet. Sie können eins der drei abgebildeten Fahrräder gewinnen, wenn Sie uns den Fragebogen bis zum ... zurückschicken.
Mit der Rücksendung nehmen Sie automatisch an der Verlosung teil.

Vielen Dank
Clever & Schlau

Redaktion

Beispiele für Fragen

Diese Fragen könnten Sie zum Beispiel stellen:

1. Wie viele Ausgaben sollten jährlich erscheinen?
○ *2 Ausgaben* ○ *3 Ausgaben* ○ *4 Ausgaben*

2. Wie häufig nehmen Sie unsere Zeitung zur Hand, bis Sie sie gelesen haben? *Ich schätze: ...-mal*

3. Bitte kreuzen Sie an, welche Rubriken in unserer Zeitung für Sie besonders wichtig sind, auf die Sie keinesfalls verzichten wollen:

○ *Anwenderforum*
○ *Neue Techniken*
○ *So helfe ich mir selbst (Servicetipps)*
○ *Neuvorstellungen der Hersteller*
○ *Feedback*
○ *Über uns*
usw.

4. Bitte beurteilen Sie die folgenden Kriterien anhand von Schulnoten zwischen 1 = sehr gut und 6 = ungenügend:

Note 1 2 3 4 5 6

Informationsgehalt:
Relevanz für die tägliche Praxis:
Aktualität:
Fachliche Kompetenz:
Gliederung/Übersichtlichkeit:
Aufmachung und Layout:
Gesamturteil:

5. Wie nützlich sind die Informationen für Ihre tägliche Arbeit?

○ *sehr nützlich*
○ *hilfreich*
○ *weniger nützlich*
○ *gar nicht hilfreich*

6. Wozu nutzen Sie die Informationen unserer Kundenzeitschrift?

○ *um über technische Entwicklungen auf dem Laufenden zu bleiben*

○ *um interessante Anwendungen anhand von Praxisbeispielen kennen zu lernen*

○ *um Anregungen für die tägliche Arbeit zu bekommen*

○ *um Hinweise zu bekommen, wie wir besser, schneller, preisgünstiger arbeiten können*

○ *um etwas über Messen, Seminare und Veranstaltungen zu erfahren.*

7. Wer kommt in Ihrem Unternehmen als weiterer Leser in Betracht?

Name: *Abteilung:*

8. Wenn Sie unsere Zeitschrift mit anderen vergleichen, wie ist ihre Position bei folgenden Vorgaben:

	besser	*gleich*	*schlechter*
• *Informationsgehalt*			
• *Relevanz für die tägliche Praxis*			
• *Aktualität*			
• *Fachliche Kompetenz*			
• *Gliederung/ Übersichtlichkeit*			
• *Aufmachung und Layout*			
• *Gesamturteil*			

9. Welches sind die Kauf- und Abonnements-Fachzeitschriften mit dem für Sie wichtigsten Informationsgehalt?

1. … *(Z. B. „Markt u.Technik")*
2. …
3. …

10. Welche Stellung nehmen Sie im Betrieb ein?

○ *Inhaber*
○ *Geschäftsführer*

- ○ *Betriebsleiter*
- ○ *Abteilungsleiter*
- ○ *Marketingleiter*
- ○ *Kaufmännischer Angestellter*
- ○ *Technischer Angestellter*
- ○ *Sonstiges, und zwar: ...*

Erfahrungsgemäß können Sie nur mit etwa 5 Prozent Rücksendungen rechnen. Sie reichen aber als repräsentativer Querschnitt aus, um die Lesermeinung zu ermitteln. Werten Sie alle Fragebogen gewissenhaft aus und korrigieren Sie Ihre Zeitung da, wo es nötig ist.

Schon ab einer Auflage von 3.000 Exemplaren lassen sich Kundenzeitungen wirtschaftlich erstellen.

4.10 Eine Zeitung für Werbegemeinschaften

Unterstützung durch andere Unternehmen

Ein Zeitungskonzept für Werbegemeinschaften ist eine unterstützende Basiswerbung, die gut geeignet ist, Imagebotschaften einzelner Unternehmen in der Gesamtheit an den Kunden zu bringen. Sie wird als „echte" Zeitung mit PR-Texten aufgemacht und keine, oder nur wenige, Anzeigen enthalten. Sie informiert und transportiert Argumente, die zum Kauf, Besuch, zu Interesse führen.
(siehe dazu Abbildung auf der nächsten Seite)

Sich ergänzende Interessen

Eine interessante Zeitung wird sich ergeben, wenn sich verschiedene Unternehmen zusammenschließen. Programme oder Interessen müssen sich dann allerdings gut ergänzen.

„Alles fürs Büro“:

- *Ein Büromöbellieferant*
- *Ein Softwarehaus*
- *Ein Bürobedarfshändler*
- *Dienstleister für Büroreinigung und Fensterputzen*
- *Personalverpflegung*

usw.

Unter ***„Sicherheit im Einfamilienhaus“*** lassen sich bündeln:

- *Rollläden*
- *Kellerfenstersicherungen*
- *Tür- und Beschlaghersteller*
- *Homesitteragentur*
- *Außenbeleuchtung*
- *Alarmanlagen*
- *Tierhotel*
- *Türsprechanlage*

usw.

Flachdach-Report

Report Nr. 37

vdd

Moderne Bauwerks-abdichtung mit Bitumen

BERUFSKUNDE

Der Bauwerksabdichter – ein Spezialist der Abdichtungstechnik

Beispiel Werbegemeinschaft: Zeitung des Industrieverbandes Bitumen – Dach- und Dichtungsbahnen e.V.

4.11 Checkliste für Kundenzeitungen

- ❍ Die Kundenzeitung hat einen unverwechselbaren Titel und ein Layout mit hohem Wiedererkennungswert.
- ❍ Es sind – aus Kundensicht – interessante Themen für mindestens 4 Ausgaben vorhanden.
- ❍ Ein redaktionelles Konzept wurde zielgruppenorientiert erarbeitet.
- ❍ Es wurde ein Verantwortlicher benannt.
- ❍ Die Gestaltung entspricht der CI des Unternehmens.
- ❍ Die Erscheinungsfrequenz ist festgelegt, saisonale Daten wurden berücksichtigt.
- ❍ Die Kundenzeitung hat das vorgeschriebene Impressum.
- ❍ Es wurde eine Prozedur für das Einholen von Freigaben für Texte und Bilder festgelegt.
- ❍ Die Texte sind sachlich und informativ, weniger werblich abgefasst.
- ❍ Auflage und Distribution wurden festgelegt.

✓ zutreffend

5. Database: Basisdaten fürs Geschäft

Aufbau einer Kundendatei

Der Anrufer hinterlässt seine Anschrift, weil er eine Broschüre geschickt haben möchte; bestellte Bücher wurden abgeholt, Fotoarbeiten ausgeliefert, das Ersatzteil für die Waschmaschine geliefert und berechnet. Im Hotel hinterlässt der Gast Namen und Anschrift, und selbst bei der Tischbestellung im Restaurant werden Telefonnummer und Name hinterlassen.

Diese Vorgänge sind eine gute Gelegenheit mit dem Aufbau der eigenen Kundenkartei zu beginnen. In den eigenen Kundendaten steckt das Potential für zukünftige Geschäfte. Allerdings nur, wenn Sie es richtig anfangen.

> Die Kundendatei versteht sich als Ausgangspunkt all Ihrer Absatzaktivitäten. Sie hat eine zentrale Bedeutung und umfasst weit mehr als das reine Notieren von Adressen.

Wettbewerbsvorteile durch Kundenwissen

Sie bewegen sich in ausgereizten Märkten, viele Produkte sind austauschbar im Business-to-Business-Bereich und im Consumer-Bereich sind die Angebote kaum noch überschaubar. Hinzu kommt eine Reizüberflutung durch die Medien.

Wenn wir über unseren potentiellen Kunden möglichst viel wissen, kundenorientiert kommunizieren, erlangen wir einen Wettbewerbsvorteil. Und damit sind wir beim Thema: dem Aufbau der Kundendatei, oder: Wie finde ich die richtige Person?

5.1 Weitblickend planen

Zeit investieren

Die Schwierigkeiten beginnen bereits bei der Planung. Wissen Sie, welche Informationen Sie eines Tages brauchen werden? Darüber müssen Sie sich zuerst Gedanken machen. Und das bedeutet, dass Sie zunächst einmal Zeit aufwenden müssen, um Ihrer Datei eine vernünftige, zukunftsorientierte Struktur zu geben.

Neben Ihrem aktuellen Tagesgeschäft wird Ihnen das nur sehr schwer gelingen. *Erst mal anfangen, dann werden wir schon sehen* – das ist eine Vorgehensweise, die im Endeffekt teuer werden kann.

Team bilden

Bilden Sie am besten eine Arbeitsgruppe, die sich mit den Erfordernissen Ihrer Datenbank beschäftigt. In dieses Team berufen Sie alle, die etwas beisteuern müssen, gegebenenfalls auch Berater von außen. Denn Sie müssen als Grundvoraussetzung für eine optimale Datenbank folgende Komplexe klären:

Wichtige Fragen

- Sind vorhandene Hard- und Software für das Vorhaben ausreichend?

- Wie ist die Zielsetzung, was soll mittelfristig erreicht werden?
- Woher kommen die Daten?
- Wer ist berechtigt, Daten einzugeben und zu ändern?
- Welche Daten sollen gespeichert werden?
- Wie wird die spätere Nutzung aussehen?
- Wie werden die Daten gepflegt, aktuell gehalten?
- Wie werden schon vorhandene Daten integriert?
- Welcher personelle Zeitaufwand steckt hinter dem Aufbau und der kontinuierlichen Pflege?
- Welche Investitionen sind zur Realisierung erforderlich?

Sind nicht alle Kunden gleich?

Die wichtigste Aufgabe der Datenbank ist die Segmentierung von Kunden und Interessenten.

Segmentierung der Daten

Im Business-to-Business-Bereich sind es in der Grundstruktur: Zielperson, Unternehmensgröße, Funktion, Branche.

Im Consumer-Bereich interessieren beispielsweise Beruf, Kaufkraft, Haushaltsgröße, Altersstruktur, Kaufgewohnheiten und Hobbys.

Es gibt eine Fülle von Unterscheidungskriterien, nach denen Sie unterteilen können. Wichtig sind die Merkmale, die auf Kundenseite für Ihr Produkt oder Ihre Dienstleistung Bedeutung haben.

Anregung für Ihren Dateiaufbau

Selektionsmerkmale eines bedeutenden Anbieters:

Firma/Name, Adresse, Telekommunikationsdaten, Führungskräfte mit Position, Titel, Funktion, Branche, Umsatz, Beschäftigte, Außendienst, Rechtsform, Gründungsjahr, Bankverbindungen, Kapital, Niederlassungen, Angaben über Beteiligungen, Grundbesitz, Fuhrpark, EDV-Ausstattung, Kurz-Bilanzen, Kurz-GuV, Produkte.

Je mehr Merkmale vorhanden sind, desto besser sind die Informationen über Kunden und Interessenten. Durch die Verknüpfung verschiedener Merkmale können Sie Bedarfsprofile oder Produktbedürfnisse erkennen.

Vorteile der Zielgruppenanalyse

Mit einer exakten Zielgruppenanalyse arbeiten Sie praktisch ohne Streuverlust. Sie sparen Papier, Verarbeitungskosten und Porto beim Direktmarketing und Sie sparen Zeit und Gebühren beim Telefonmarketing. Markteinschätzung und Wettbewerbsposition sind „präzise auf den Punkt" gebracht.

Beispiele

Als Lieferant von Jugendstil-Toren und -Zäunen interessiert Sie:

- *Hausbesitz, Baujahr*
- *Typ: Altbau, Villa*
- *Kaufkraft*
- *Lage*
- *Altersstruktur.*

Der Lieferant von Gabelstaplern benötigt hingegen folgende Daten:

- *Unternehmensgröße*
- *Produkte, Lagerflächen*
- *Filialbetriebe*
- *Stapler im Einsatz, welches Fabrikat?*

Ihre Datenbank muss zentralen Charakter haben und Ausgangspunkt aller Vertriebsüberlegungen sein. Je feiner die Segmentierung, desto besser die Ansprache. Es besteht allerdings auch die Gefahr der Überfrachtung der Datei mit Daten. Dann ist das Ganze bald nicht mehr zu handhaben. Deshalb ist die Anfangsüberlegung *Was brauche ich wann?* so besonders wichtig.

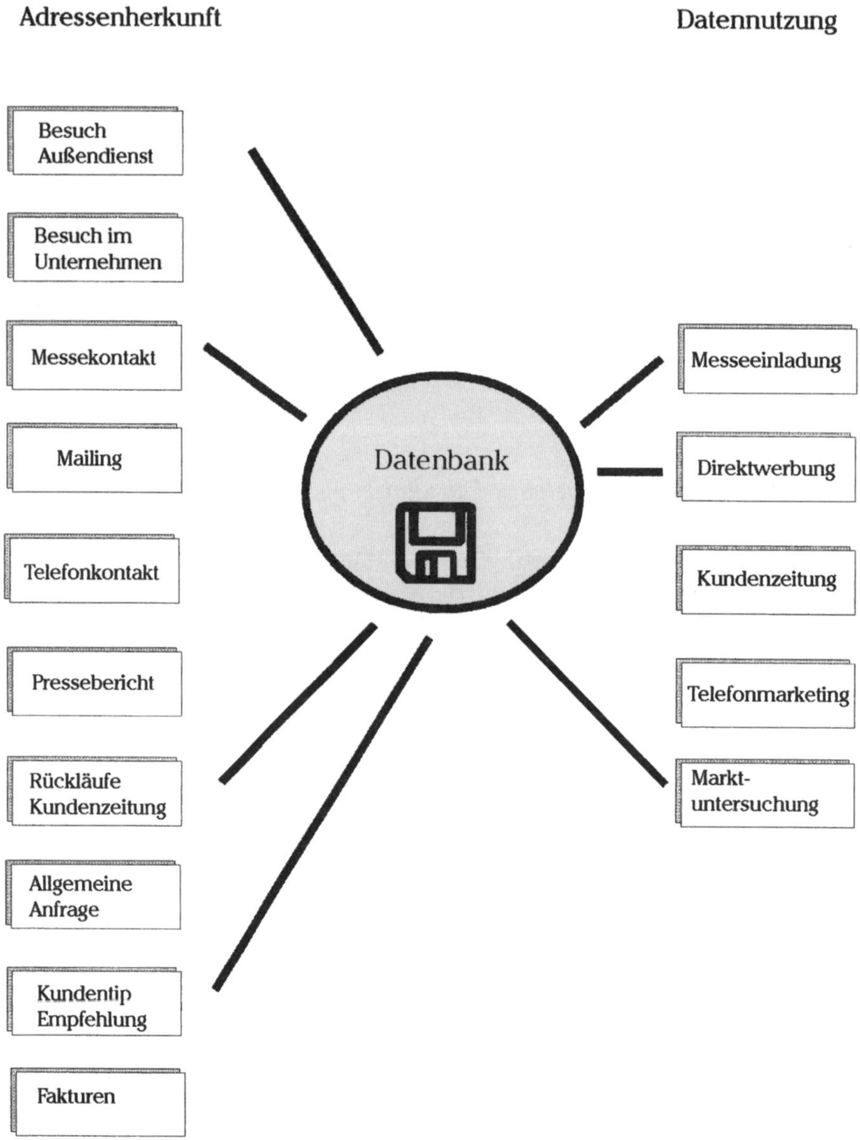
Adressenherkunft
Datennutzung
Besuch Außendienst
Besuch im Unternehmen
Messekontakt
Mailing
Telefonkontakt
Pressebericht
Rückläufe Kundenzeitung
Allgemeine Anfrage
Kundentip Empfehlung
Fakturen
Datenbank
Messeeinladung
Direktwerbung
Kundenzeitung
Telefonmarketing
Markt-untersuchung

Grundstruktur der Datei

Unterscheiden Sie grundsätzlich zwischen

Zielen, denen Sie schon etwas verkauft haben = **Kunden**, und

Zielen, denen Sie noch etwas verkaufen möchten = **Interessenten.**

Außerdem gibt es noch Institutionen und Personen, denen Sie nie etwas verkaufen werden: Architekten, Beratern, Journalisten, Gutachtern usw. = **Meinungsbildnern.**

Das ist die Grundstruktur für Ihre Datei. In *Werben mit Konzept*, Teil 1 finden Sie dazu eine grafische Darstellung (Seite 43).

5.2 Datenschutz: Ein Gesetz mit sieben Siegeln?

Paragraph 24 des Datenschutzgesetzes regelt, dass die Übermittlung zusammengestellter Daten durch nichtöffentliche Stellen über Angehörige einer Personengruppe zulässig sind, wenn sie sich auf folgende Merkmale beschränken:

- Name
- Titel
- akademischer Grad
- Geburtsdatum
- Berufsbezeichnung
- Geschäftsbezeichnung
- Anschrift
- Telefonnummer, Faxnummer.

Es darf dabei kein Grund zu der Annahme bestehen, dass dadurch schutzwürdige Belange des Betroffenen verletzt werden.

Informieren Sie über die Adressspeicherung

Machen Sie sich bei Ihren Aktionen zur Regel, Kunden und Interessenten zu informieren, dass Sie Ihre Adresse speichern werden.

„Damit wir Sie auch in Zukunft regelmäßig informieren können, haben wir Ihre Adresse in unsere Datenbank aufgenommen“;

könnte so ein Satz lauten, den Sie in Ihr Antwortschreiben auf Anfragen aus Mailings usw. aufnehmen.

Die Kerndaten ergänzen Sie durch weitere Informationen, die für Ihr Geschäft wichtig sind. Weitere Selektionsmerkmale könnten zum Beispiel sein: PKW-Typ, Grundstücksgröße, Umsatz der letzten Jahre, Absatzgebiet – kurz: alles, was Sie wissen müssen, um eine gezielte Ansprache zu ermöglichen.

Diese Einzelheiten können Sie natürlich meistens nicht abfragen. Sie ergeben sich aber oft aus Gesprächen, und dann halten Sie sie fest.

„Mein neues Navigationsgerät kommt doch noch vor dem Urlaub. Wir segeln nach Bornholm“, sagt Ihr Kunde entschuldigend und legt den Hörer auf, um sich dann Ihnen zu widmen.

Segelboot ist Ihr Selektionskriterium, das Sie festhalten, wenn Sie neben den industriellen Lacken und Farben – über die Sie gerade verhandeln – auch Bootslacke im Programm haben.

Entwickeln Sie Ihre Antenne für wichtige Informationen. So können Sie den Erfolg für eine Aktion im nächsten Monat oder im nächsten Jahr vorprogrammieren.

5.3 Datenpflege

Überholte Daten

„Herr Althans ist seit 2 Jahren in Rente."

„Firma 1994 erloschen"

Wenn solche Rückläufe kommen, stimmt etwas mit der Dateipflege nicht. Sprechen Sie mit Ihrem Dateiverantwortlichen.

Checken Sie die Daten immer mal wieder auf Richtigkeit, Aktualität und Vollständigkeit. Wenn Sie zum Beispiel Ihre Kundenzeitung aussenden, legen Sie einen Antwortbogen bei:

„Stimmen Adresse und Daten noch?"

Drucken Sie die Kerndaten aus, wie sie gespeichert sind, und bitten Sie um Korrektur. Die weiteren Selektionsmerkmale wie *Golfspieler, Eigentum auf Mallorca, Umsatz '97, Wintergarten 40 TDM* bleiben dabei natürlich weg.

Wer hat im vorigen Jahr unseren Kalender bekommen?

Wichtige Anlässe nicht vergessen

Nehmen Sie auch solche Informationen in Ihre Datenbank auf. So haben Sie sofort einen Überblick, wenn das Jahresende wieder schneller als erwartet kommt. Auch Geburtstage, Jubiläen und andere Anlässe, die Sie nicht vergessen dürfen, gehören in die Datenbank.

5.4 Checkliste für den Aufbau der Datenbank

- ❍ Kapazität der Hard- und Software reichen aus.
- ❍ Es ist ausreichend Manpower für die Einrichtung und Pflege der Datenbank vorhanden.
- ❍ Die Grundstruktur für die Kerndaten liegt vor.
- ❍ Selektionskriterien wurden zukunftsorientiert festgelegt.
- ❍ Ein verantwortlicher Datenmanager wurde ernannt.
- ❍ Das Einsteuerungsverfahren für Neuaufnahme und Änderungen wurde geregelt.
- ❍ Daten werden verfügbar sein als
  - ❍ Liste
  - ❍ Karteikarte
  - ❍ Etikette.
- ❍ Mitarbeiter wurden informiert, eingebunden und für den Informationstransfer sensibilisiert.

✓ zutreffend

6. Der vor dem Wolf wirbt – Werbung im Kino

Das Erlebniskino

Kino heute: Das sind oft gigantische Multiplex-Häuser mit mehreren Sälen, riesigen Leinwänden, großzügigen Foyers mit italienischen Cafébars und französischen Bistros. Dazu bequeme Sitze, Reihenabstände mit viel Beinfreiheit und vor allem: exzellente Bild- und Tontechnik. Besucher gehen ins Erlebniskino, um dem Alltag für kurze Zeit zu entfliehen. Und das kleinere Kino in der Vorstadt folgt diesem Trend im Kampf um den Gast.

Unprofessionelle Werbung

Schlimme Beispiele selbstgemachter Werbekunst zeigt fast jedes Lichtspielhaus. „... *und hinterher in die Pizzeria bei Alfredo*“, sagt da ein ungeschulter Sprecher – vermutlich der Aushilfskellner –, und ein leicht angestaubtes Dia zeigt Alfredos Pizzeria mit den schönen weißen Einheitsplastikstühlen, die man vor fast jedem Restaurant findet.

Diese Werbung läuft zwischen den Werbeauftritten von Camel, Nike und Langnese, gleich vor dem Hauptfilm, den das Publikum eigentlich sehen will.

Restaurants, Fitnesscenter, Diskotheken und Fahrschulen versuchen das regionale Publikum mit ihren Amateurfilmchen auf sich aufmerksam zu machen.

Glauben Sie im Ernst, dass davon noch etwas hängen geblieben ist, nachdem das Publikum 90 oder mehr Minuten *„Schindlers Liste"* oder *„Pretty Woman"* gesehen hat?

Was sich hier wie ein Vorwurf anhört, soll auch einer sein. Die Kinowerbung regionaler Firmen ist überwiegend langweilig und konzeptlos. Ich habe eigentlich nie etwas gesehen, was das Publikum begeistern oder zumindest zu einem „Aha" verleiten könnte.

Sonderrolle des Publikums

Im Kino ist das Publikum in einer besonderen Rolle bzw. Falle: Es kann nicht weglaufen. Anders als beim Fernsehen oder Rundfunkhören ist es nicht möglich, sich mit etwas anderem zu beschäftigen, außer vielleicht nebenbei Popcorn zu essen. Das Publikum ist zum Zuschauen verdammt, bis dann endlich alles abgespult ist und der Hauptfilm beginnt.

6.1 Kinoarten und Zielgruppen

Kinos lassen sich nach Angabe der UFA-Kino-Werbeunternehmen (UKW) Carini, Deco, Fife und Kinomat folgendermaßen klassifizieren:

Autokinos
erfreuen sich noch immer großer Beliebtheit. Mitte 1997 gibt es 17 Stück mit 25.000 Standplätzen.
Zielgruppe: größtenteils Autofahrer

Familien-/Normaltheater
haben ein breit gefächertes Programmangebot. Sie finden sich in Großstädten sowie in Klein- und Mittelstädten.
Zielgruppe: breites Kinopublikum

Filmkunst-Kino
zeigen anspruchsvolle Filmprogramme aus aller Welt.
Zielgruppe: anspruchsvolles Publikum, ambitionierte Kinofreunde, oft auch über 30 Jahre

Truppenkinos
liegen innerhalb oder in unmittelbarer Nähe von Kasernen und Fliegerhorsten.
Zielgruppe: junge Männer zwischen 18 und 25 Jahren

Mehrzweckkinos
bieten neben Kinovorführungen auch andere Veranstaltungen wie Tanz und Kabarett.
Zielgruppe: sehr gemischt, entsprechend der Aufführung

Multiplex
nennt sich das große Kinogebäude mit mindestens 1.500 Sitzplätzen und bis zu acht Leinwänden.
Zielgruppe: breites Kinopublikum

Pornokinos
sind eine Kategorie mit eindeutigem Programm.
Zielgruppe: überwiegend Männer, meistens über 30 Jahre

Programmkinos
sind Filmtheater mit höchster, oft ausgefallener künstlerischer Qualität.
Zielgruppe: Studenten, Oberschüler, Cineasten und Filmfreunde über 30 Jahre

Raucher- und Verzehrkinos
sind im Grunde keine besondere Kategorie, sondern Kinos mit Zusatzleistung.
Zielgruppe: breites Publikum mit Wunsch nach entspannter Kommunikation und Unterhaltung

Werbung, die auffällt

Wer vor Kinopublikum wirbt, der sollte sich positiv, ideenreich und humorvoll präsentieren. Natürlich werden Sie kaum mit den aufwendigen Produktionen von Marlboro und C&A konkurrieren können, und Sie müssen auch nicht gleich ein Auto eine Sprungschanze hinauffahren lassen. Sie sollten aber etwas produzieren, das den Zuschauer schmunzeln oder nachdenklich werden lässt und sein Desinteresse neutralisiert.

Ein kurzer Aktionsfilm mit gekonntem Schnitt, einem pfiffigen Text und Musik, die ankommt, kann das erreichen.

Lassen Sie einen Profi ran!

„Die fangen unter ein paar hunderttausend Mark doch gar nicht an“, ist eine oft vorherrschende Meinung. Stimmt nicht!

Bei der einfachsten Form des unvertonten Kinospots mit 13 Sekunden Laufzeit liegen die Kosten in kleineren und mittleren Orten per Monat und Filmtheater bei 198 DM. Bei einem Abschluss über zwölf Monate, unmittelbar hintereinander liegend, schließt dieser Preis bereits alle sonst noch anfallenden Kosten ein. Lassen Sie sich von einer auf Kino spezialisierten Agentur (Gelbe Seiten: Kinowerbung) ein Angebot für eine mutige, außergewöhnliche Kinowerbung machen.

6.2 13, 19 oder 26 Sekunden Kinowerbung

Produktions- und Schaltkosten

1.500 bis 6.000 DM werden als durchschnittliche Produktionskosten genannt. Hinzu kommen die eigentlichen Schaltkosten. Sie werden nach Filmmetern berechnet. 6 Meter kosten zwischen 130 und 650 DM pro Monat. Das sind 13 Sekunden. 12 Meter sind die maximale Länge bei regionaler Ortswerbung, die für den kleinen oder mittelständischen Betrieb interessant ist. Für die 26 Sekunden werden zwischen 520 und 1.300 DM fällig.

Die Einschaltpreise der einzelnen Spielstätten richten sich nach festgestellten Besucherzahlen. Sie sind wie bei der Printwerbung IVW-geprüft.

Schaltungen werden für zwölf Monate gebucht. Sie können sie auch teilen, z.B. in zwei Kinos à sechs Monate. Verhandeln Sie.

Auch im Kino: Penetranz bringt's

Am Ende eines Monats können Sie zusammenzählen lassen, wie viele Besucher Ihre Werbung gesehen haben. Damit Ihre Botschaft ankommt, müssen Sie regelmäßig präsent sein.

Mediadaten anfordern!

Bevor Sie sich für eine Kinowerbung entscheiden, studieren Sie die Mediaunterlagen. Anfordern können Sie sie bei: FDW Werbung im Kino e.V., Oberhafenstr. 1 in 20097 Hamburg.

Die Kinobesucher

Das Kino ist in erster Linie ein Medium der jüngeren Leute: 1,62 Millionen Besucher zwischen 14 und 29 Jahren gehen jede Woche mindestens einmal ins Kino. Unter den 30- bis 39-Jährigen gehen immerhin noch 460.000 Leute allwöchentlich ins Kino. Für diese Altersgruppen ist der Kinobesuch fester Bestandteil der Freizeitgestaltung. Jugendliche unter 30 Jahren werden mit besonders geringer Fehlstreuung erreicht.

6.3 So wird Ihre Werbung produziert

Für Ihr Erscheinen auf der Leinwand gibt es vier Varianten:

Produktionsvarianten

DAF – Dia auf Film

Das Dia wird auf 35-mm-Filmmaterial aufgenommen und dadurch als Standbild konstant im Breitbandformat. Die große Produktionsfläche ergibt einen plakativen Eindruck, ähnlich einem 16-Bogen-Plakat.

Aktions-DAF

Im Gegensatz zum statischen Dia wird die Grundphase des Aktions-DAFs mittels einer tricktechnischen Aktion belebt, wie zum Beispiel einer Kameraanfahrt oder -abfahrt oder einer Einblendung.

Kinospot (Trick)
Auf 35-mm-Filmmaterial werden mit der Trickkamera die genannten Filmlängen von 13, 19 oder 26 Sekunden produziert.
Blenden und Kamerafahrten sowie andere technische Tricks sind dabei möglich.
Kreative Ideen können umgesetzt, in Bewegung gebracht werden, so dass ein Eindruck ähnlich dem TV-Spot entsteht.

Kinospot (Real)
35-mm-Kinofilmmaterial ist auch hier die Basis. Der Spot wird, je nach Aufwand, mit oder ohne Storyboard (= Drehbuch) produziert. Eine Mischung aus Real- und Trickszenen ist möglich. Für den realen Spot kommen hauptsächlich die Filmlängen von 9 und 12 Meter zum Tragen.

Produktionszeit

Für das DAF und die Kinospots werden von der Auftragserteilung bis zur ersten Schaltung etwa acht Wochen Produktionszeit benötigt. Kleinere Kinos haben häufig noch die Möglichkeit, Dias direkt zu projizieren. Damit entfällt die Überspielung auf Filmmaterial. Erkundigen Sie sich!

6.4 Springen Sie auf den Kinotrend auf

Professionalität ausstrahlen

Versuchen Sie eine Verbindung zum Medium Kino herzustellen. Im Spot des Fitness-Studios heißt es dann: *Fit wie Schwarzenegger und Sylvester Stalone.* In der Fahrschule lernt man *Autofahren wie James Bond, Buch und CD zum Film gibt es bei ...*

Die Pizzeria, nur wenige Schritte vom Kinocenter entfernt, ersetzt die Plastikstühle durch Regiestühle. (Sie kennen die typischen Klappstühle mit textiler Rückenlehne.)

In die Lehne ist jetzt eingedruckt oder gewebt: Julia Roberts, Mario Adorf, Clint Eastwood und die Namen weiterer Filmgrößen, die dort essen würden, wenn sie in der Nähe wären. So wird aus der Pizzeria ein Kinotreffpunkt, in dem es natürlich auch Pizza gibt.

Cine-Light-Poster

Werbung im Eingang und/oder Foyer, in einer Warte- und Mußezone, in der der Betrachter kaum Ausweichmöglichkeiten hat, ist effizient und in der Qualität ziemlich einmalig. Die Aufmerksamkeit ist also fast hundertprozentig. Rotierende Poster stehen in ausgewählten Kinos mit hoher Besucherfrequenz im Eingangsbereich. Allerdings ist nur eine geschlossene Netzbelegung von 100 Anlagen bundesweit möglich.

Werbung auf Eintrittskarten und Promotionaktionen direkt im Kino sind weitere Möglichkeiten, in diesem interessanten Umfeld aktiv zu werden.

6.5 Checkliste Kinowerbung

- ❍ Die Altersstruktur der Besucher – 14 bis 29 Jahre – deckt sich mit der zu bearbeitenden Hauptzielgruppe.
- ❍ Der geplante Auftritt ist inhaltlich geeignet, das Desinteresse der Besucher zu neutralisieren.
- ❍ Die vorgesehene Werbung ist in ihrer Wirkung langfristig angelegt.
- ❍ Kann die Werbung neben anderen bestehen?
- ❍ Hebt sie sich positiv ab?
- ❍ Ist ausgeschlossen, dass Besucher pfeifen oder einen negativen Eindruck mitnehmen?
- ❍ Wurden Mediadaten angefordert?
- ❍ Kinowerbeunternehmen und Produktionsfirma wurden gebrieft, CI und Absatzziele in die Umsetzung einbezogen.
- ❍ Eine direkte Beziehung zum Kino / Film kann hergestellt werden.

✓ zutreffend

7. Visualisierung in bewegten Bildern: Der Video-Clip

Mit dem Video-Clip verhält es sich ähnlich wie mit dem Urlaubsvideo oder der Dia-Show. Gerät er zu lang, macht sich schnell gähnende Langeweile breit.

Optimale und maximale Länge

Zuschauer sind an kurze Spots im Fernsehen gewöhnt. Musikclips, Magazinbeiträge, Reportagen und Werbefernsehen prägen diese Gewohnheiten. Ein Clip sollte daher 10 Minuten auf keinen Fall überschreiten, 3 bis 5 Minuten sind die optimale Länge.

In dieser Zeit müssen alle wichtigen Informationen vermittelt werden.

Bild, Schnitt, Musik und Sprache prägen den Gesamteindruck. Mit dem eigenen Camcorder stoßen Sie schnell an Grenzen. Selbst als fortgeschrittener Videofilmer wird es Ihnen nicht gelingen, ein Video herzustellen, dass mit professionell produzierten Videos konkurrieren kann.

Kostenpunkte

Briefing, Produktion, Vervielfältigung und Verteilung verursachen nicht unerhebliche Kosten. Gerade bei mittelständischen Firmen nehmen sie unter Umständen einen großen Teil des Jahresbudgets in Anspruch. Daher sollte zunächst überlegt werden, wie Sie einen Clip im Rahmen Ihrer Vertriebstätigkeit einsetzen und für wen er gemacht wird.

7.1 Einsatzmöglichkeiten für den Video-Clip

- Endverbraucherinformation
- Firmenporträts
- Vorstellung neuer Verfahren, Techniken und Produkte, besonders bei erklärungsbedürftigen Vorgängen
- realisierte Projekte
- als anschauliche Gebrauchsanleitung: *„Wie baue ich den Gartenpavillon selbst auf?"*

Die Frage, wo der Clip vorgeführt wird, hat Einfluss auf Aussagen, Länge und Gestaltung. Die häufigsten Vorführsituationen sind folgende:

Vorführsituationen

- auf dem Heim-Videorecorder, nachdem der Clip verschenkt oder verliehen wurde,
- im Regionalprogramm des Fernsehens,
- in Verbrauchermärkten,
- auf Messen, zum „Tag der offenen Tür",
- während Seminaren und Workshops,
- als Besucherinformation bei Werksbesichtigungen.

7.2 Was soll gezeigt werden?

Sind Zielgruppe und Abspielorte festgelegt, gehen Sie an die inhaltlichen Überlegungen.

Der Inhalt

- Fragen Sie sich, ob die Handlung/das Verfahren wirklich so interessant ist, um es per Video vorzustellen. Werden die Zuschauer 3, 5 oder gar 10 Minuten interessiert zuschauen?

- Überlegen Sie sich, ob Gebäude, Werkstätten, Maschinen in einem videogerechten Zustand – eben als Drehort vorzeigbar – sind.

So lieber nicht!

- Prüfen Sie, ob komplizierte Zusammenhänge durch Grafiken vereinfacht erläutert werden können.

- Machen Sie sich Gedanken, wie langlebig Ihre „Produktion" sein wird. Wird der Clip auch in einem Jahr noch aktuell sein? Bei Firmenporträts vermeiden Sie Zahlen, die schnell überholt sind – z. B. jahresbezogene Wirtschaftsdaten.

- Treten Sie, wenn überhaupt, selbst nur kurz auf. Wenn jemand durch den Clip führt, wählen Sie einen Moderator, der das professionell macht.

Prüfen Sie, ob es einen Sympathieträger, zum Beispiel im regionalen Fernsehen, gibt, den Sie vor Ihren Karren spannen können.

Achten Sie auch hier wieder auf die Corporate Identity: Entspricht die Gesamtwirkung Ihrem Firmenimage?

Video und Broschüre in gleichem Design

Produzenten suchen

Sind Sie zu der Ansicht gekommen, dass ein Clip Ihr Vertriebsgeschehen gut ergänzen kann? Dann sollten Sie einen Produzenten briefen. Sie finden ihn in den *„Gelben Seiten"* unter *Videoproduktionen* oder *Video- und Industriefilm.* Lassen Sie sich ein Angebot für Ihren kreativen Spot machen. Die Kosten werden zwischen 8.000 und 10.000 DM pro Clip-Minute liegen.

Drehbuch

Ausgangsbasis ist dann ein *Storyboard,* das Drehbuch, das Sie mit allen Einstellungen, Kommentaren und grafischen Einblendungen prüfen, bevor die Produktion beginnt.

7.3 Checkliste für den eigenen Video-Clip

- ❍ Die Einsatzmöglichkeiten rechtfertigen die voraussichtlichen Kosten.
- ❍ Alle Voraussetzungen für einen „Dreh" sind vorhanden: Technik, Optik usw.
- ❍ Das Video wird andere Maßnahmen flankieren.
- ❍ Die CI wird im Video und in der Schutzhüllengestaltung eingehalten.
- ❍ Der Vorgang eignet sich zur Visualisierung.
- ❍ Die Auflage für die Kopien beträgt:

  ____________ Stück
- ❍ Ein Vorführkonzept besteht. Der Clip wird eingesetzt bei / in:

  1) ____________________
  2) ____________________
  3) ____________________
  4) ____________________
- ❍ Das Video wird für eine möglichst langfristige Aktualität produziert.
- ❍ Die Moderation übernimmt ein geschulter Sprecher.

✓ zutreffend

8. Sponsoring: Geschäft auf Gegenseitigkeit

Definition

Sponsoring umfasst die Bereitstellung von Geld- und/oder Sachmitteln gegen entsprechende Gegenleistung in Verbindung mit der Verfolgung von Marketingzielen. Dazu gehört zum Beispiel die Steigerung des Bekanntheitsgrades oder der Sympathietransfer von Prominenten auf Produkte.

„Wer das Geld gibt, kontrolliert." Hilmar Kopper, Deutsche Bank

Gesponsert wird heute hauptsächlich in der Sportwerbung. Marlboro ist einer der vielen Sponsoren von Michael Schumacher, Opel ist der Sponsor von Bayern München, und selbst Rock-Spektakel werden heute gesponsert.

Einer hat das Geld und ist bereit, es auszugeben, um die Identifikation mit einer Leitfigur oder einem Ereignis herzustellen. Es ist ein Geschäft auf Gegenseitigkeit.

Sponsoring

Für das Sponsoring von Mülleimern setzt sich die CDU-Fraktion im Kerngebietsausschuß Wandsbek ein. Nach Ansicht der CDU-Bezirksfraktion besteht bereits ein vermarktungsfähiges Konzept für Mülleimer-Sponsoring, daß die „Papierkorb-Misere" in der Stadt beseitigen könne. Versuchsweise, so die CDU, sollen gesponserte Müllbehälter bald im Quarree Wandsbek aufgestellt werden.

... Ideen ohne Grenzen.
Hamburger Abendblatt, 2. Juli 1997

Mäzene

Die Abgrenzung zum Mäzenatentum liegt darin, dass diese ohne Gegenleistung des Geförderten erfolgt.

Sie selbst sponsern vielleicht schon im Kleinen, haben eine Tafel als Bandenwerbung in der örtlichen Reithalle, schalten ab und zu eine Anzeige in der Zeitung des Vereins, in dem Ihre Frau sich fit hält, oder lassen die Herren des Kreisligavereins mit Ihrem Logo auf der Brust auftreten.

Oft sind es Gefälligkeiten, die Sie gewähren, weil Sie angesprochen oder regelrecht dazu überredet wurden.
Über diese Maßnahmen sollten Sie nachdenken!

Fragen Sie sich:

Wichtige Fragen

- Wie ist die Wirksamkeit? Lohnt der finanzielle Aufwand? Kann das Geld sinnvoller eingesetzt werden?

- Bringt Ihnen Ihr „Sponsoring" tatsächlich Sympathiepunkte, passt es zu Ihrem allgemeinen Auftritt, zur Corporate Identity?

Wenn Sie Ihrem Unternehmen einen modernen, innovativen Auftritt verordnet haben – oder vielleicht mit Hilfe von *Werben mit Konzept* verordnen wollen, sollten Sie:

- die Bandenwerbung in der Reithalle sofort unterlassen, wenn das Gebäude wegen fehlender finanzieller Mittel nicht erstklassig in Schuss ist;

- die Inserate einstellen, wenn der Verein immer noch das Image von Turnvater Jahn vertritt;
- die Trikotwerbung sofort unterlassen, wenn die Mannschaft mehr an der Theke als auf dem Platz glänzt.

So lieber nicht ...

Gefälligkeitssponsoring ist unwirksam

Verzichten Sie in Zukunft auf jede Art von Gefälligkeitssponsoring. Prüfen Sie genau, ob Sie sich mit Erfolgen, Zielen und Verhalten identifizieren können, und geben Sie nur Geld aus, wenn Sie diese Fragen eindeutig mit Ja beantworten können.

8.1 Die vier Säulen des Sponsorings

Kultursponsoring

Ein ganz weites Feld ist das Kultursponsoring. Es umfasst die bildende Kunst, Bühnenkunst, klassische und Unterhaltungsmusik, Literatur, Film, Funk, Fernsehen bis hin zur Denkmalpflege. In diesem Bereich werden neben der direkten Zuwendung von Geld- und Sachmitteln gerne auch Stipendien vergeben oder die Organisation von Veranstaltungen übernommen. Empfänger sind Einzelkünstler, Gruppen oder Organisationen.

Sportsponsoring

Sportsponsoring wendet sich an Einzelsportler, Mannschaften, Sportveranstaltungen oder Sportarten. Bei der Beurteilung muss die Verbreitung der Sportart und der Bekanntheitsgrad einzelner Sportler berücksichtigt werden. Der Nutzen liegt selten in der Kenntnisnahme durch den direkten Zuschauer, sondern mehr bei der Medienberichterstattung und PR. Sportartikel, sportnahe Produkte oder sportfremde Artikel benötigen zudem unterschiedliche strategische Ansätze der Nutzenbetrachtung.

Soziosponsoring

Das Soziosponsoring wird als zukunftsweisend bezeichnet. Das Sponsern im Gesundheits-, Wissenschafts und Ausbildungsbereich unterstreicht die gesellschaftliche Verantwortung eines Unternehmens.

Ökosponsoring

Das Ökosponsoring widmet sich der Natur, den Landschaften und der Arterhaltung von Tieren. Es umfasst auch die ökologische Forschung und die Unterstützung des Kampfes gegen Missstände. Die öffentliche Übernahme von Verantwortung für die Umwelt setzt natürlich ein absolut „sauberes" Verhalten voraus, das frei von Kritikpunkten ist.

„Diese Programme bringen uns soviel Akzeptanz, dass wir bei wichtigen Fragen grob werden können."

Raymond D'Argenio, Mobil Oil

8.2 Sponsoring der leisen Töne

Engagement außerhalb des Sports

Als kleines oder mittelständisches Unternehmen geben Sie dem Sponsoring außerhalb des Sportbereichs Vorrang. Trikot- und Bandenwerbung im Sport nehmen so überhand, dass ohnehin kaum Chancen bestehen, sich dort bemerkbar zu machen.

Sportler werden mittlerweile zu wandelnden Litfaßsäulen und in Stadien werden bereits drehbare Bandenwerbungen eingesetzt, um mehr Werbung unterzubringen. Bedruckte T-Shirts, Einkaufstaschen mit Aufdruck, Schirme mit Slogan gibt es auch bereits genug.

Hier sind einige Anregungen für die andere Art des Sponsorings:

Verschiedene Möglichkeiten des Sponsorings

Als Betreiber eines Copy-Shops sponsern Sie ein Jugendorchester, das in der Aula der örtlichen Schule ein Konzert gibt. Sie drucken das Programm, ohne dicke Anzeige, mit zwei, drei erklärenden Sätzen: *„Dem Original verpflichtet - In diesem Sinne fertigen wir Kopien ..."* usw.

Das Möbelhaus sponsert eine Bepflanzungsaktion im städtischen Park und sorgt dafür, dass Holz nachwächst.

Das Autohaus fährt Behinderte und Kranke zum Wahllokal.

Weil es zum Straßenfest regnet, spendet ein Kaufhaus scheinbar spontan 500 Regenschirme.

Die Shops eines Einkaufscenters sponsern neue Geräte für den Kinderspielplatz.

Es gibt zahlreiche weitere Möglichkeiten, um in Erscheinung zu treten:

- *eine Bank zum Ausruhen an einem beliebten Spazierweg*
- *ein Unterstand an der Haltestelle des Schulbusses*
- *ein Dessert in der Werkskantine Ihres Kunden, nach Beendigung Ihrer Arbeiten*
- *der Sekt zum Neujahrsempfang Ihres Gemeinderates*
- *Übernahme des Portos für die Übersendung einer Information einer minderbemittelten karitativen Einrichtung.*

usw.

> „Wir sind kein Mäzen. Wir wollen etwas von dem Geld haben, das wir ausgeben. Und das schaffen wir auch."
>
> Peter Littmann, Hugo Boss

Verzichten Sie auf große Werbeauftritte. Handeln Sie mehr aus dem Hintergrund. Ein kleines diskretes Hinweisschild, wenn überhaupt möglich und nötig, genügt. Dann wird auch die regionale Presse von Ihrer Aktion Notiz nehmen und darüber berichten.

8.3 Checkliste für eine Sponsoringmaßnahme

- ◯ Der Maßnahme steht ein entsprechender Gegenwert gegenüber.
- ◯ Eigene Ziele, Auftritt und Ziele des Geförderten stehen in Einklang miteinander.
- ◯ Der oder die Geförderten haben in den relevanten Zielgruppen ein hohes Ansehen.
- ◯ Ein Sympathietransfer wird den Bekanntheitsgrad und den direkten Absatz fördern.
- ◯ Auftritt und Ansehen passen zur eigenen Corporate Identity.
- ◯ Die Maßnahme wird in der Öffentlichkeit bekannt werden.

✓ zutreffend

9. Das eigene Buch – ein Feld ungenutzter Möglichkeiten

Mit Informationen und Knowhow werben, das Firmenimage fördern: Das Buch bietet eine Fülle von Chancen für Unternehmen.

Unternehmensbezogene Bücher

Beispiele

Da gibt ein mittelständisches Unternehmen neutrale Planungshandbücher über Sicherheitstechnik an Ingenieurbüros heraus: 150 Blätter mit Texten und Grafiken werden von einem eleganten, teuren Ordner zusammengehalten.

Das Sanitätshaus hat eine bunte Mischung verschiedener Redemanuskripte mit Basisinformationen von Ärzten und mit Prospekten zu einer Ärzteinformation zusammengemixt.

Und Sie selbst haben die Kundenzeitung als erstklassiges Marketinginstrument erkannt und arbeiten schon an der vierten Ausgabe, haben inzwischen einen Namen als Referent vor Ihrer Innung und sind überhaupt ein gefragter Fachmann.

Das alles sollten Auslöser sein, einmal über das „eigene“ Buch nachzudenken.

Kochbücher und Ratgeber sind gute Beispiele dafür.

Der Image-Faktor

Buchveröffentlichungen haben einen sehr hohen Stellenwert. Wer ein Fachbuch herausgibt, ist kompetent. Ein Buch ist hochwertig, es wird deshalb aufbewahrt – ein Bücherregal hat fast jeder.

> „In der Branche weiß man, dass ein Buch einen immensen PR-Wert besitzt, den man gar nicht in Mark und Pfennig ausdrücken kann." Detlef Reich

Selbstverlegte Bücher

Bücher können im Eigenverlag hergestellt und vertrieben oder über einen Buchverlag herausgegeben werden. Entgegen weit verbreiteter Ansicht ist die Herstellung im Eigenverlag keineswegs preisgünstiger als die Beauftragung eines Verlags – sie ist mindestens genauso teuer und kann bei ungeschickter Kalkulation sogar teurer werden.

Zudem ist der Zeit- und Arbeitsaufwand bis zur Veröffentlichung erheblich größer als bei der Beauftragung eines Buchverlags, der – außer dem Verfassen des Manuskripts – alle Arbeiten abnimmt: vom Lektorat (= redaktionelle Textüberarbeitung, die die Verständlichkeit sichert), über die Einholung von Abdruckrechten für Zitate (vgl. Kapitel 4.8), die Layout-Gestaltung im Einklang mit dem Corporate Design, bis zu Satz, Verfilmung, Druck, Bindung und Vertrieb. All dies müssen Sie als Eigenverleger selbst leisten und professionell bewerkstelligen.

Selbstverlegte Bücher werden meistens kostenlos oder gegen eine Schutzgebühr abgegeben. Den Vertrieb übernehmen Sie in Ihrem Geschäft, über den Außendienst, durch die Kundenzeitung oder per Mailing.

Verlagsbücher sind für jedermann im Buchhandel oder beim Verlag direkt zu beziehen. Der Verkaufspreis unterliegt der Preisbindung.

Verlagsbücher

Themenvorschläge als Anregung für Buchprojekte

Das große Industrieunternehmen:
Der Transrapid
Technik, Kosten, Ökologie
Hintergründe und Konsequenzen

Das alternative Bauunternehmen:
Das Energiesparhaus
Isolieren und Heizen mit
alternativen Energiequellen

Die Naturheilpraxis:
Reiki – alternative Heilung
oder schamlose Geschäftemacherei?

Die Werbeagentur:
INTERNET:
Werber denken online

Das Firmenjubiläum:
50 Jahre Firmengeschichte.
Mit vielen Anekdoten und Histörchen zum Schmunzeln

9.1 Externe Dienstleister

Da es wahrscheinlich nicht zu Ihren Unternehmenszielen gehört, Bücher herauszugeben, wird es Ihnen nicht leicht fallen, ein Buch zu produzieren und zu verteilen.

Schreiben lassen!

Um „Lehrgeld" zu vermeiden, sollten Sie Experten beauftragen, die sich im Feld der Publikation von Büchern auskennen. Empfehlenswert sind zum Beispiel Ghostwriter, freie Buchlektoren oder Literaturagenturen. Teilweise wird sogar ein Komplettservice angeboten, der von der Recherche über das Schreiben bis zur Kontaktaufnahme mit Verlagen und zur Vertragsberatung bei Autorenverträgen reicht.

Zeitaufwand

Ohne externe Dienstleister besteht die Gefahr, dass Sie mit Ihrem geplanten Buch niemals fertig werden oder zeit- und kostenaufwendige Umwege gehen. Untersuchungen belegen, dass 90 Prozent aller Autoren nach mehrjähriger Arbeit zwischen guten Vorsätzen und einem halb fertigen ersten Kapitel stecken geblieben sind. Sie haben den Zeitaufwand des Recherchierens und Schreibens erheblich unterschätzt.

Für einen ungeübten Autor liegt der Aufwand bei mehreren hundert bis eintausend Arbeitsstunden – ein paar freie Wochenenden während der Ferienzeit reichen da gewiss nicht aus.

Verlagsanforderungen

Und von denen, die ihr Manuskript tatsächlich beenden, scheitern viele bei der Verlagssuche, weil sie das Buch- und Verlagsbusiness nicht gut genug kennen. Häufig decken sich die Anforderungen von Verlagen an Buchkonzepte und -inhalte nicht mit dem, was Autoren sich vorstellen oder als Manuskript abliefern.

Um Fehlplanungen mit langfristigen Folgen zu vermeiden, lassen Sie sich am besten von entsprechenden Dienstleistern unterstützen, die im Verlagsbusiness versiert sind.

Vorteile von Dienstleistern

Bei vielen dauert die Anfertigung eines kompletten Buchmanuskripts nicht länger als zwei bis drei Monate – während Autoren oft noch nach drei Jahren nicht fertig sind. Zudem helfen die Dienstleister bei der Suche nach dem richtigen Buchverlag oder den Schritten zum Eigenverlag.

9.2 Meilensteine zum eigenen Buch

Um Ihr Buchprojekt zum Erfolg zu bringen, sollten Sie zunächst folgende grundlegende Fragen beantworten:

Beispiel für ein unternehmensbezogenes Buch

Grundsätzliche Überlegungen

- Welche unternehmensbezogenen Ziele sollen mit dem Buch verfolgt werden (zum Beispiel Verbesserung des Firmen-Images, Unterstützung der Neueinführung einer Produktlinie, Aufklärung über ein Produkt im Vorfeld des Verkaufs)?

- Für welche Zielgruppe wird geschrieben? (Verfassen Sie Ihr Buch so, dass es auch wirklich in erster Linie Ihre Kunden und nicht etwa Ihre Konkurrenten interessiert!)

- Welches Thema interessiert die Zielgruppe und ist zugleich eine attraktive Marktlücke?

- Wie kann das Buch optimal in den Marketing- und PR-Mix des Unternehmens eingegliedert werden? (Flankierende Maßnahmen sind beispielsweise eine Markteinführungskampagne für ein neues Produkt oder eine Pressekampagne zur Bekanntmachung des Buches nach seiner Veröffentlichung.)

- Welche Vertriebskanäle sind sinnvoll (zum Beispiel Buchhandel, Verkauf über eigene Anzeigen oder Geschenk an Geschäftsfreunde)?

- Was ist bei der textlichen und grafischen Gestaltung im Einklang mit dem Corporate Design zu berücksichtigen?

- Ist eine Herausgabe im Eigenverlag sinnvoll oder sollte ein Verlag interessiert werden?

- Im Eigenverlag: Was kosten Produktion und Vertrieb? Wird ein Deckungsbeitrag erwirtschaftet?

- Im Verlag: Wie groß ist die von unserem Unternehmen benötigte Auflage bzw. Stückzahl?

- Welche Dienstleister können die Arbeit ganz oder teilweise übernehmen oder beratend tätig werden?

- Kann der Knowhow-Transfer zur Buchreihe ausgeweitet und im Markt etabliert werden?

Buch-Sponsoring

Ein Buch ist übrigens auch ein Medium, das sich sehr gut zum Sponsern eignet.

Die Chronik, die zum Beispiel zum 750-jährigen Jubiläum Ihres Wohnortes in der Miniauflage von 500 Stück gedruckt werden soll, ist solch ein Projekt, in das Sie – als ein Unternehmen unter mehreren – investieren könnten.

Alternativ können Sie auch allein ein ganzes Buch sponsern, das inhaltlich nicht zu eng mit Ihrem Unternehmen in Verbindung stehen muss, aber einen Imagetransfer bewirken kann.

Beispiele

Ein medizinisches Nachschlagewerk, das von einer pharmazeutischen Firma gesponsert wird,

ein Ratgeber für Wanderungen, der von einem örtlichen Sportartikelhändler herausgegeben wird, und

ein „Weinbrevier" mit der Erläuterung der wichtigsten Weinsorten, herausgegeben von einem Weingut –

all dies können Themen für gesponserte Bücher sein, die über den Verkauf der eigenen Produkte im engeren Sinne hinausführen und doch indirekt zur Erweiterung der Klientel beitragen können.

Auf dem Buchmarkt umsehen!

Übrigens müssen gesponserte Bücher nicht immer erst geschrieben werden. Unter Umständen finden Sie auf dem Buchmarkt ein Werk, das Ihren Bedürfnissen sehr nahe kommt. In Absprache mit dem herausgebenden Verlag kann dieses Werk für Sie „passend" gemacht werden: Stattet man das Buch mit einem anderen Einband aus, auf dem Ihr Firmenlogo erscheint, und verändert man den Inhalt geringfügig, so sieht das Werk bald aus wie „Ihr" Buch und vermittelt Ihren Lesern auch den entsprechenden individuellen Eindruck Ihres Unternehmens.

Verlage sind für solche Veränderungen und „Anpassungen" bereits erschienener Bücher sehr aufgeschlossen, sofern Sie eine entsprechende Stückzahl abnehmen.

Ratgeber für Unternehmen,
die eigene Bücher publizieren wollen

9.3 Checkliste zur Realisierung eines Buchprojektes

- ❍ Die Zielsetzung der Buchveröffentlichung für das Unternehmen ist abgeklärt.
- ❍ Das gewählte Thema ist von allgemeinem Interesse für die anvisierte(n) Zielgruppe(n).
- ❍ Es stehen ausreichend sachlich fundierte Informationen als Grundlage für den Buchinhalt zur Verfügung.
- ❍ Das Thema ist noch nicht von Konkurrenten besetzt.
- ❍ Die Vertriebsfrage ist geklärt. Die Distribution erfolgt durch
  - ❍ einen Verlag
  - ❍ in eigener Regie durch: ...
- ❍ Die vom Unternehmen benötigte Stückzahl an Büchern ist kalkuliert.
- ❍ Die Realisierung erfolgt durch Dienstleistung Dritter.
- ❍ Ein Grundkonzept für ein Briefing der Dienstleister liegt vor.

✓ zutreffend

10. Kleine Geschenke erhalten die Freundschaft – oder bewirken das Gegenteil!

10.1 Die richtige Auswahl und Planung

Das Ramsch-Image

Die Werbemittelbranche will weg vom Ramsch-Image. Der Trend geht zu höherer Qualität. *„Kunden entscheiden sich immer häufiger dafür, 1.000 Kugelschreiber zu zehn Mark statt 100.000 zu jeweils 10 Pfennigen zu verteilen"*, sagte ein Geschäftsführer anlässlich der *„Hamburger Werbemitteltage"*.

Wer prägt dieses „Ramsch-Image" von der Branche, die 1996 immerhin mehr als 5 Milliarden Mark umsetzte? Natürlich die Empfänger erwarteter und unerwünschter Geschenke.

Von den altbekannten Stiften und Blöcken über sturmsichere Regenschirme, Textilien und Lederwaren bis hin zu Flaschenverschlüssen und Krawattennadeln aus Edelmetall reicht das vielfältige Angebot. Selbst Gartenmöbel, Stereoanlagen und Dessous finden sich in den Katalogen, die rechtzeitig zur „Saison" bei Ihnen eintreffen und Sie daran erinnern, dass Sie sich mit dem leidigen Thema schon wieder beschäftigen müssen.

„Ein paar Flaschen Sekt und Wein – bei 12 Flaschen gibt's eine gratis – tun es doch auch, und die kann man ja immer noch schnell an der Ecke holen", meinen Sie?

Genau planen

Mit Werbegeschenken kann einiges falsch gemacht und viel Geld in den Sand gesetzt werden. Mit Planung und Überlegung wird die als lästig empfundene Pflichtübung zu einem erfreulichen Gruß mit lang anhaltender positiver Wirkung.

Sorgfältig wählen

Der Einkauf von Werbegeschenken gehört dank der schönen Kataloge zu den leichtesten Übungen überhaupt? Katalog durchblättern, aussuchen, Bestellkarte ausfüllen und ab die Post? Machen Sie Schluss damit!

Überlegen Sie zunächst, für welche Zielgruppe zu welchem Anlass ein Geschenk angeschafft werden soll.

Richtiges Timing

Schon beim Timing des Geschenks lassen sich Pluspunkte gegenüber anderen Schenkern sammeln. Weihnachten besteht immer die Gefahr, dass Ihr Präsent in der Vielzahl der anderen Geschenke untergeht. Schon am 10. Januar weiß der Empfänger nicht mehr, ob er den dicken Kopf von Ihrer Flasche Rotwein oder von der Ihres Konkurrenten hatte.

Nicht dann schenken, wenn alle schenken

Antizyklisch zu schenken ist daher wirksamer: zum Urlaubsanfang ein Beach-Volleyball, zu Ostern Gartenpflanzen, im Herbst Theaterkarten und im November den frischen Beaujolais. Anlässe gibt es genug, und der Kreativität sind keine Grenzen gesetzt.

Absage an Pflichtübungen

Legen Sie genau fest, wer beschenkt werden soll und was Sie benötigen:

- Kunden, die gezielt beschenkt werden sollen, als Dankeschön für die Zusammenarbeit,

- Mitarbeiter dieser Kunden, die keinesfalls „leer" ausgehen dürfen,
- kleine Aufmerksamkeiten als Saisongruß, die verteilt werden, wenn Sie vor Weihnachten Kunden besuchen,
- „Streuartikel", die Sie auf Messen, zum Tag der offenen Tür und zu anderen Anlässen verteilen.

10.2 Maßgeschneidert bringt es

Auswahl nach Image

Höherwertige Geschenke für Schlüsselkunden sollten auf jeden Fall personenbezogen sein, damit der gewünschte Effekt erzielt wird. Der Empfänger sollte sich als VIP fühlen, als etwas Besonderes. Das funktioniert nur, wenn der Beschenkte stolz auf sein Präsent ist und sich freut. Prestige und Image müssen in Einklang sein.

Was für den einen Kunden optimal ist, kann allerdings für den anderen völlig falsch sein. Deshalb dürfen Sie sich dem Thema nicht halbherzig widmen und nach Katalog „irgendwas" bestellen.

Auswahl nach Geschäftspartner

Gehen Sie sehr individuell vor und überlegen Sie von Partner zu Partner. Diese Überlegungen kann Ihnen der Werbemittelvertreter nicht abnehmen. Allerdings kann er Ratschläge geben und ein Gespräch mit einem Vertreter lohnt sich bestimmt. Er wird Ihnen sagen, was besonders gut läuft. Dann wissen Sie, was Sie *nicht* kaufen dürfen, denn Sie wollen ja einen Artikel, der originell ist und von dem Sie annehmen können, dass er nicht mit mehreren Gleichartigen um die Gunst Ihres Kunden konkurrieren muss.

Negative Folgen

Unterschätzen Sie auf keinen Fall die negativen Folgen unpassender Geschenke. Wird Ihr Geschenk als billig oder auch als überzogen angesehen und hat es für den Empfänger wenig Nutzen, wird es negativ aufgenommen und die Geschäftsbeziehung belasten.

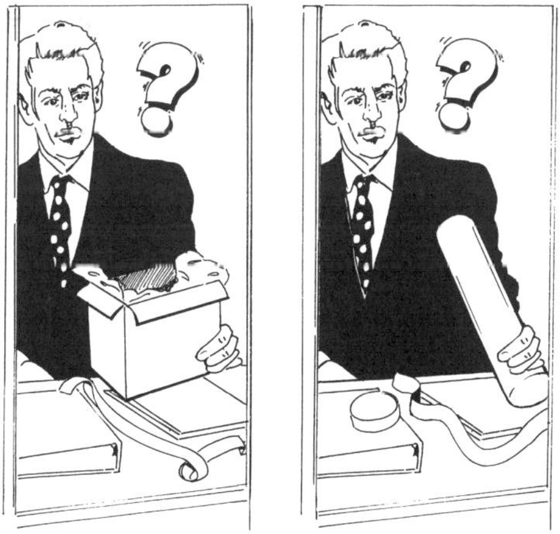

10.3 Geschenke sind Botschaften

Spenden statt Geschenke?

Wenn Sie Geschenke unterlassen, erklären Sie warum. Spenden sind ein beliebtes Argument. Allerdings werden sie meistens als wenig glaubwürdig empfunden und haben kaum positiven Einfluss auf die Geschäftsbeziehung. Ihr Kunde hält sich nun gerade für etwas Besonderes. Eigentlich müssten Sie für „Brot für die Welt“ spenden und ihm trotzdem etwas schenken.

Jedes Geschenk übermittelt eine persönliche Botschaft. Wenn Sie originell und individuell schenken, bringen Sie sich unter Zugzwang. Diese Linie müssen Sie jetzt durchhalten, wenn Sie demnächst wieder einen Anlass haben. Daher sollten Sie festhalten, wem Sie was zu welcher Gelegenheit schenken. Dann wird es auch nicht passieren, dass zweimal das gleiche Geschenk überreicht wird.

10.4 Reklameartikel oder Botschaft mit Firmenphilosophie?

Aktionen mit Pepp

Dem Einsatz eines ausgefallenen Streuartikels sollte eine Aktion zugrunde liegen. Zur Eröffnung einer neuen Filiale, als Giveaway auf Messen oder als Dankeschön für eine Couponrücksendung: Anlässe gibt es genug, aber Originalität ist auch hier gefragt.

Bauen Sie auch um die Streuartikel ein Konzept, verfolgen Sie eine Strategie, verteilen Sie nur noch anlassbezogene Aktionsartikel.

Der Kugelschreiber, den Ihr Werbemittelhersteller gerade im Sonderangebot hat, ist das Abgedroschenste, was Sie sich und Ihren Kunden antun können.

Schenken Sie den ersten Kunden Ihres Fitnesscenters ein Handtuch, und sie werden sich erinnern, dass sie dabei waren.

Hierarchien beachten

Wenn Sie bei Ihrem Kunden unterschiedliche Hierarchiestufen beschenken, müssen Sie unbedingt differenzieren. Keinesfalls bekommt der Pförtner, der Sie immer ohne Passierschein durchwinkt, das Gleiche wie die Sekretärin, die Sie meistens mit einem Kaffee begrüßt. Das Geschenk der Vorzimmerdame unterscheidet sich natürlich wiederum von dem des Chefs und des Abteilungsleiters.

Anders ist es mit Streuartikeln, die Sie aus einem bestimmten Anlass mitbringen. Bei frischen Berlinern zum Rosenmontag oder Sonnenblumensamen zum Frühlingsanfang können und brauchen Sie nicht auf die Hierarchie zu achten. Hier ist es eher wichtig, dass Sie niemanden vergessen.

10.5 Strategie für optimales Geschenkverhalten

Wichtige Regeln

- Schenken Sie antizyklisch.
- Machen Sie Schenken zur Vertriebsdisziplin. Geschenke sprechen etwas aus, sind Wertschätzung, also Kommunikationsmittel.
- Planen Sie frühzeitig.
- Hören Sie gut zu. Versetzen Sie sich in den Partner, verschenken Sie nichts, nur weil Sie es gut finden.

Ein gelungenes Geschenk bleibt lange in Erinnerung, ein misslungenes allerdings auch! Wichtiger als der Wert des Geschenkes ist die Botschaft, die es vermittelt.

Nützliches schenken

Das Geschenk sollte für den Empfänger einen praktischen Nutzen haben. Übergeben Sie Geschenke möglichst persönlich, fügen Sie einen Gruß bei, am besten handgeschrieben, keinen Standardtext aus Ihrem PC. Eine ausgefallene Verpackung wertet auf, macht neugierig.

Achten Sie sehr darauf, wie der Beschenkte nonverbal reagiert. Schließlich wollen Sie ja Ihre Geschäftsbeziehung fördern.
Verabreden Sie auch mit Mitarbeitern konkrete Regeln zum Thema Schenken. Auch dabei ist ein einheitlicher Auftritt wichtig!

Wenn Sie nun einen passenden Artikel gefunden haben, den Sie werbewirksam einsetzen können, wird die vorgesehene Stückzahl eingekauft. Mitarbeiter äußern den Wunsch, für sich selbst auch so ein Stück haben zu wollen und für Familienangehörige möglichst noch weitere.

Geschenke sind für Kunden da, nicht für Mitarbeiter

Planen Sie diese Stückzahlen mit ein. Verschenken Sie sie aber nicht. Geben Sie Gelegenheit, diese Artikel zum Einkaufspreis zu erwerben.

10.6 Was der Fiskus verlangt und zulässt

Separate Aufzeichnungen

Einen fest angebrachten Firmennamen auf Werbegeschenken verlangen die Finanzämter nicht. Allerdings müssen Sie separat von den anderen Betriebsausgaben aufzeichnen, wem Sie was schenken. Davon sind reine Streuartikel, wie Kugelschreiber, ausgenommen. Bis zu 75 DM Wert dürfen Ihre Geschenke pro Empfänger im Jahr ausmachen, wenn Sie sie als Betriebsausgaben absetzen wollen.

Höherwertiges können Sie nicht absetzen. Überschreiten Sie trotzdem diese Grenze, wenn es sinnvoll ist. Manche Kundenbeziehung ist mehr wert als der vorgegebene Rahmen.

10.7 Ein besonderes Thema: Kalender, Kalender, Kalender ...

Regelmäßig an den ersten Arbeitstagen des neuen Jahres stellt sich ein besonderes Problem ein: die Entsorgung überflüssiger Kalender. Weihnachts- und Neujahrsgrüße kann man nun ja bedenkenlos in den Papierkorb werfen, aber die Kalender? Das wäre schade, sind doch richtige Kunstwerke darunter. Die Pirelli-Girls sind ja toll fotografiert und auch nett anzuschauen, aber aufhängen, nein, das passt wohl doch nicht so recht.

Ein unpassendes Werbegeschenk

Entsorgung von unerwünschten Kalendern

Und so können sich dann Mitarbeiter für den persönlichen Bedarf eindecken. Da jeder meistens nur einen Wand-, Tisch- und Taschenkalender braucht, wandert der Rest schließlich in den Abfall.

Da dieser Vorgang sich jährlich wiederholt, sollten Sie überlegen, ob Sie dieses Spiel weiter mitmachen und in Zukunft Kalender verschenken. Das erspart Ihnen den Frust, wenn Sie feststellen, dass Ihr Kunde einen Kalender der Konkurrenz an der Wand hat, weil er ihn schöner findet. Ihr Kunde seinerseits ist verstimmt, wenn Sie ihm, wie jedes Jahr, einen Taschenkalender schenken, obwohl er für alle sichtbar alles mit seinem Time-System managt.

Im November schon für März Termine machen!

Übrigens gibt es keine Vorschrift, dass ein Kalender immer am 1. Januar beginnen muss. Die Jahresmitte und die Zeit nach dem Urlaub sind ebenfalls Zeitpunkte, zu denen oft für die nächsten

Monate geplant wird. Denken Sie nur an das Jahresendgeschäft oder den Beginn des neuen Budgetabschnittes zu Jahresbeginn.

Dieser Kalender fällt auf

Ich bekam kürzlich einen Jahreskalender, der am 1. September beginnt. Auf der einen Seite sind die Monate September bis Februar und auf der anderen Seite die Monate März bis August eingetragen. Er ist sehr praktisch und ich benutze ihn mit großem Vergnügen wegen seiner Übersichtlichkeit. Außerdem kann ich jetzt schon sehen, wann endlich wieder große Ferien sind.

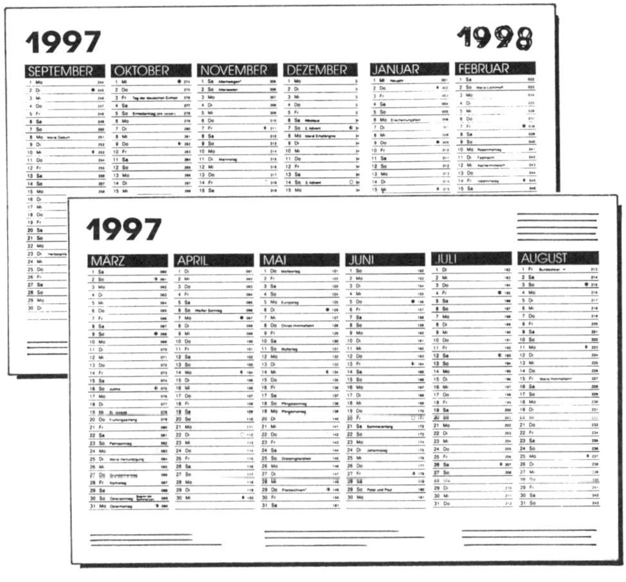

Ein Kalender, der am 1. März statt am 1. Januar beginnt

10.8 Aktionsartikel mit Aufdruck

Werbeaufdruck

Individuelle Geschenke sollten Sie grundsätzlich ohne Werbeaufdruck schenken, das Finanzamt verlangt es nicht!

Bei Aktionsartikeln verhält es sich anders. Artikel, Name und Slogan sollten im Idealfall eine Einheit bilden.

Die Preise für die Anbringung richten sich nach Größe, Auflage und Art der von Ihnen gelieferten Druckvorlagen. Achten Sie darauf, dass Größe, Firmenfarben und Qualität stimmen, fordern Sie ein Andruckmuster.

Die wichtigsten Druckverfahren

Siebdruck:
Geringe Vorkosten, wird auch per Hand ausgeführt, ist aber nur auf glatten ebenen Flächen anwendbar.

Tampondruck:
Geringe Vorkosten, gute Druckqualität, die Druckfläche ist auf max. 10 x 20 cm begrenzt.

Prägedruck:
Sehr haltbar, keine Trocknungszeit, nur auf kleinen Flächen anwendbar, nicht jedes Material ist dafür geeignet.

Brenndruck:
Hohe Kosten, einfache Motive, keine Farben und deshalb kaum zu empfehlen.

Lasergravur:
Sehr genau, hochwertiges Aussehen, Vorkosten relativ hoch, Druckzeiten lang.

Möglichkeiten für Eindrucke

Lassen Sie sich auch bei diesen Eindrucken etwas einfallen. Eine komplette Anschrift mit Postleitzahl und Faxnummer ist absolut nicht nötig und findet oft auch keinen Platz.

Krause entsorgt Problemabfälle

Richter Finanzberatung, Tel. ...

reichen völlig. Man wird Sie im Telefonbuch finden, wenn Bedarf da ist.

10.9 Checkliste „strategisch" schenken

- ❍ Der Personenkreis für individuelle Geschenke wurde namentlich erfasst.
- ❍ Informationen, Ideen, Anregungen werden gesammelt.
- ❍ Geschenkanlässe wurden festgelegt.
- ❍ Individuelle Geschenke werden einzeln ausgewählt.
- ❍ „Streuartikel" werden immer in Aktionen eingebunden.
- ❍ Eine Terminverfolgung „individuelles Schenken" wurde organisiert.
- ❍ Geschenke werden abgestuft, sind anlassbezogen und berücksichtigen Hierarchien.
- ❍ Alle Geschenke werden buchhalterisch festgehalten.
- ❍ Der Aufdruck auf Aktionsartikel erfolgt dezent und möglichst kurz.
- ❍ Andruck- und Ausführungsmuster werden grundsätzlich zur Freigabe eingeholt.

✓ zutreffend

11. Kosten der Verkaufsförderung

11.1 Mathematik und Budgetierung: 3 bis 5 oder 10 Prozent vom Umsatz?

Nicht am Vorjahresumsatz orientieren

Die erforderlichen finanziellen Mittel prozentual in Abhängigkeit vom Vorjahresumsatz zu budgetieren ist zwar einfach, aber gleichzeitig die unsicherste Methode, zu einem effektiven Etat zu kommen.

Geht der Umsatz zurück, sinken die Werbekosten, obwohl sie gerade jetzt angehoben werden müssten, damit die Geschäfte bald wieder besser gehen.

„*Das Geld, das wir ausgeben, müssen wir erst einmal verdienen*", ist eine verbreitete Meinung. Das ist zwar kaufmännisch ein löblicher Vorsatz, lässt sich aber kaum halten. Schließlich müssen Sie auch in andere Bereiche investieren, *bevor* etwas herauskommt. Und so ist es in der Werbung auch.

Fatal ist auch die Kürzung eines Etats, weil erwartete Umsätze ausbleiben. An Personal, Einrichtungen und anderen Verpflichtungen kann man so schnell nicht „drehen". Aber deshalb auf die Kundenzeitung, die Mailingaktion oder die Messebeteiligung verzichten?

Absage an mathematische Methoden

Streichen Sie diese Gedanken aus Ihren Überlegungen und erteilen Sie der mathematischen Methode eine Absage!

11.2 Ganz individuell: Zielen – Planen – Steuern

Über die Beziehung zwischen Input (Werbeetat) und Output (Umsatz) sprachen wir schon in *Werben mit Konzept*, Teil 1. Erinnern Sie sich? Der Automatismus, der leider nicht funktioniert.

Nehmen Sie sich also die Zeit, und planen Sie Ihre knappen finanziellen Mittel für die kommenden zwölf Monate so penibel, wie es geht. Das ist die Grundlage für den Erfolg!

„Der Mensch ist ein zielstrebiges Wesen, aber meistens strebt er zu viel und zielt zu wenig."
Günter Radtke

Informieren Sie sich über Messen und Ereignisse, die wichtig sein könnten, und bedenken Sie die Folgen; im positiven Sinne: Wenn Sie eine Hausmesse veranstalten, muss vielleicht unbedingt der neue Prospekt gedruckt werden, ein pfiffiger Einladungsbrief will entworfen und produziert sein und irgend jemand muss telefonieren, damit möglichst viele Kunden und Interessenten kommen.

Was kostet ein vierseitiger Prospekt A4 auf 120 g/m², vierfarbig?

Was kostet der 20-m²-Messestand im Endeffekt mit allem Drum und Dran?

Was kostet die Telefonmarketing-Aktion im eigenen Haus oder bei einer Agentur?

Solche und ähnliche Fragen werden Sie besonders dann beschäftigen, wenn Sie noch keine Erfahrungswerte haben, auf die Sie zurückgreifen können.

11.3 Richtwerte als Kalkulationshilfe

Der Etat-Kalkulator

Was kostet Werbung? Die Antwort steht in einem Etat-Kalkulator, den ich Ihnen für Ihre Arbeit empfehlen möchte.

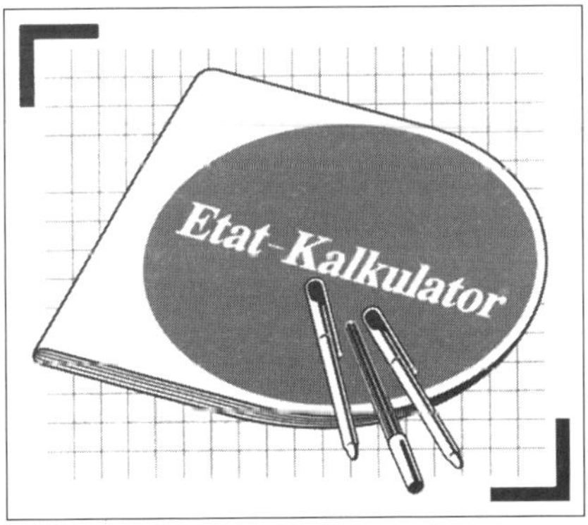

Er gibt Ihnen schnelle Antworten zu allen Themenbereichen, zu denen Sie Auskünfte benötigen:

Informationen, die Sie im Etat-Kalkulator finden

- Anzeigenschaltkosten
  für Tageszeitungen, Fachzeitschriften, Supplements
- Funkwerbung, Fernsehwerbung
- Direktmarketing:
  Adressen, Lettershops
- Fotokosten:
  Vergrößerungen, Duplikate, Modellkosten
- Messekosten:
  Standmieten, Mobiliar, Messebau
- Honorare für Texter, PR-Honorare
- Außenwerbung:
  Plakate, Poster, Verkehrsmittelwerbung
- Druckkosten
  für Plakate, Broschüren, Kataloge.

Mit diesem Kalkulator gewinnen Sie eine hohe Kostengenauigkeit in der Budgetphase, und er ist hervorragend geeignet, Angebote zu prüfen.

Anfordern können Sic ihn bei:

creativ collection Verlag GmbH,
Basler Landstr. 61 in 79111 Freiburg.

12. Takt, Ökologie und Werbung

12.1 Effenberg geht pinkeln ...

... und Kamps geht gleich mit.

Ich bin nicht sicher, ob Sie den Fernsehspot kennen: Kurz vor dem Spiel, bereits umgezogen im Trikot, gehen die beiden Spieler von Borussia Mönchengladbach noch schnell aufs Örtchen, damit sie nicht während des Spiels müssen. Zwischen den beiden bleibt ein Urinal frei. Das besetzt ein Mann mit einem Jackenaufdruck: DSF (Deutsches Sportfernsehen). *„Mittendrin statt nur dabei"* heißt der Spruch zum Filmchen.

Beispiel für geschmacklose Werbung

Die Rückenansicht der drei Männer bei ihrem Geschäft gibt es auch als ganzseitige Anzeige, zum Beispiel in dem Nachrichtenmagazin, das immer versucht, gleich auf den Punkt zu kommen.

Sechs Männer bilden eine Mauer

Eine Anleihe beim Fußball machte auch der schwedische Automobilhersteller, der eine Freistoßszene aus einem Spiel für seine Anzeigenwerbung auswählte: Die Spieler stehen nebeneinander und schützen die Genitalien mit beiden Händen. Wer selbst schon auf dem Fußballplatz stand, weiß, dass das angebracht ist. Wie der Texter versucht, die Kurve zum Produkt zu kriegen, ist allerdings abenteuerlich, und man ahnt allenfalls, dass das Ganze irgendwie mit Sicherheit zu tun haben muss.

Eine Werbung für „Sicherheit"

Diese beiden Beispiele – sie sind harmlos – zeigen, dass über Takt und Geschmack doch hin und wieder nachgedacht werden sollte.

Witze, die danebengehen

Sadomaso ist schön, sagen viele Zeitgenossen, wenn man den vielen Veröffentlichungen zu diesem Thema glauben darf. Überlegen Sie bitte genau, ob Sie mit einer scheinbar „witzigen" Aussage oder einem Foto wirklich den Geschmack Ihrer Zielgruppe treffen!

In Zeiten, in denen einem in jeder Talkshow Absonderheiten vorgeführt werden, bisexuelle Geständnisse von Prominenten zur Tagesordnung gehören, Badeanzüge nicht mehr ins Dekolleté, sondern von unten in den Schritt fotografiert werden, und *Magnum*-Werbung mehr an Fellatio erinnert, gibt es gerade in diesem Bereich eine enorme Reizüberflutung.

„Gelungen" und „völlig daneben" liegen besonders dicht beieinander. Die Gefahr, einen Flopp zu landen, ist in solchen Grenzfällen immer groß. Seien Sie nicht spießig, aber denken Sie genau darüber nach, ob Sie Bedürfnisse, Interessen, Emotionen der Umworbenen treffen oder gar verletzen.

Zu beanstanden ist sicher, wenn Ihnen Folgendes unterlaufen sollte:

12.2 „Du unterschreiben hier"

Jegliche Art der Diskriminierung von Randgruppen, Minderheiten und Ausländern führt mit Recht zu Beanstandungen.

Besonderer Schutz für Kinder

Kinder werden besonders geschützt. Die Werbung sollte sich nicht die natürliche Leichtgläubigkeit der Kinder oder den Mangel an Erfahrung von Jugendlichen zunutze machen oder ihr Anhänglichkeitsgefühl ausnutzen. Werbung, die sich an Kinder und Jugendliche wendet, soll in Text oder Bild nichts enthalten, was geeignet ist, moralischen oder geistigen Schaden zuzufügen.

Der Deutsche Werberat hat dazu einige Grundsätze parat, in denen es unter anderem heißt:

Wichtige Grundsätze

- Es dürfen keine Aussagen getroffen werden, die den natürlichen, altersgemäßen Aussagen eines Kindes widersprechen. Das wäre zum Beispiel der Fall, wenn ein Kind über sinnvolle Ernährung sprechen würde.
- Werbung soll keine direkten Aufforderungen zum Kauf oder Konsum enthalten nach dem Motto: *„Probiert doch auch mal!"*

Für Alkohol und Zigaretten werben

Kein missbräuchlicher Genuss

Zu den umstrittensten Produkten gehören Zigaretten und Alkohol. Die Hersteller und Importeure von alkoholischen Getränken haben sich verpflichtet, ihre Werbung so zu gestalten, dass diese nicht geeignet ist, missbräuchlichen und aus diesem Grunde unerwünschten Alkoholgenuss zu fördern.

So darf zum Beispiel nicht der Eindruck erweckt werden, der Genuss alkoholischer Getränke fördere sozialen oder sexuellen Erfolg.

Wenn Sie es mit solchen Produkten zu tun haben, kennen Sie die komplexen Bestimmungen, die einzuhalten sind. Sie sind weit umfangreicher und sollen hier nur den Blick dafür schärfen, was man besser lassen sollte.

12.3 „Rettet den deutschen Wald"

Geringerer Papierverbrauch schützt den Wald nicht

Stimmt es tatsächlich, dass bei geringerem Papierverbrauch in Haushalt, Büro und Werbung viele Quadratkilometer deutschen Waldes weiterleben könnten? fragte Dr. Peter Hanns in seinem Beitrag in „*DirektMarketing*". Er lieferte auch gleich die Antwort: Es stimmt nicht, denn in Europa wird aus gesundem Stammholz kein Papier. Das wäre zu teuer, und vermutlich wäre Europa längst abgeholzt.

Es werden ausschließlich Hölzer verwendet, die bei der Waldpflege und Holzverarbeitung als Nebenprodukt abfallen. Das sind

- Bäume, die zur Waldpflege geschlagen werden müssen,
- nicht verwertbare Äste und Baumwipfel,
- Holzabfälle von Sägewerken und anderen Holzverarbeitern.

12.4 Muss Umweltschutzpapier grau sein?

Altpapier-Recycling ist keine Erfindung unserer Tage. Viele werden sich erinnern, dass bereits nach dem Krieg neben anderen Materialien auch Altpapier gesammelt wurde. Damals gab es sogar Geld dafür. Das Papier war keinesfalls zum Verbrennen vorgesehen, sondern wurde bereits damals recycelt.

Die Papierindustrie in Deutschland kommt heute etwa auf eine Altpapierquote von 47 Prozent bei der Produktion von Papier. Sie liegt bei Verpackungspapier höher als bei feinem Papier für grafische Aufgaben.

Aus Alt wird Neu

Die Wiederaufbereitung von Altpapier ist bei den benötigten Papiermengen eine zwingende Notwendigkeit, um den Bedarf zu decken. Deshalb hat die Industrie Verfahren entwickelt, durch die die graue Farbe nicht mehr sichtbar und Qualitätsunterschiede kaum feststellbar sind.

Papier, das aus 100 Prozent Altpapier besteht, ist schlecht geeignet für farbige Bedruckungen. Um zu einem befriedigenden Ergebnis zu kommen, wären 30 bis 50 Prozent mehr Druckfarbe erforderlich, die ihrerseits zu Umweltbelastungen führten. Altpapier und Holzabfälle werden daher als vernünftige Basis für die Neupapierproduktion angesehen.

12.5 Werbung mit ökologischen Argumenten

Wettbewerbsvorteile

Eine ökologieorientierte Ausrichtung von Unternehmen und die Umweltverträglichkeit von Produkten sind sicherlich vorteilhaft und werden sich auf dcn Absatz auswirken. Wenn Werbung auf ökologischen Inhalten aufbaut, werden sich daraus Wettbewerbsvorteile ergeben.

Glaubwürdigkeit ist Voraussetzung

Eine solche Vorgehensweise birgt aber eine Fülle von Gefahren! Die Aussagen, gerade wenn sie zu werblich abgefasst sind, werden von Verbrauchern, Handelspartnern, Mitbewerbern und der gesamten Öffentlichkeit besonders kritisch wahrgenommen. Deshalb müssen an Inhalt und Glaubwürdigkeit allerhöchste Maßstäbe gelegt werden.

Die rechtlichen Grenzen der Werbung mit umweltrelevanten Gesichtspunkten sind sehr eng gezogen. Die Werbung muss so gestaltet sein, dass sie weder das Anliegen des Verbrauchers für die Umwelt missbraucht, noch seine eventuelle Unkenntnis in Umweltfragen ausnutzt.

Umweltzeichen und Symbole dürfen nur dann verwendet werden, wenn der Verleiher dieser Symbole angegeben ist und keinerlei Irrtum über die Bedeutung aufkommen kann. Keinesfalls darf der Eindruck einer behördlichen Genehmigung erweckt werden.

Beispiele irreführender Zeichen

Aussagen belegen

Werbung soll keine Aussagen enthalten, die geeignet sind, den Verbraucher über umweltbezogene Merkmale eines Produktes irrezuführen. „Umweltfreundlich" oder „ökologisch unbedenklich" dürfen Sie nur sagen oder schreiben, wenn Sie es belegen können!

Wenn Sie in diesem Zusammenhang irgendwelche Zweifel haben, sprechen Sie Ihre Handelskammer an. Sie erteilt Auskunft oder verweist auf die Veröffentlichungen des Zentralverbandes der Deutschen Werbewirtschaft ZAW.

13. ABC der Fachbegriffe

Advertisement	englischer Begriff für Anzeigen
Brainstorming	Methode zur Lösung von Aufgaben/Problemen durch neue Ideen und Lösungen
Briefing	Gespräch oder Angaben über die Voraussetzungen für die Entwicklung, Planung und Gestaltung einer Werbemaßnahme
Direktwerbung	Aktion, die sich an eine Person oder eine Personengruppe (Betrieb) wendet
Durchschuss	Zeilenabstand
Exponat	Ausstellungsgegenstand
Flyer (Florpost)	Beileger, Information auf Dünndruckpapier
Ghostwriter	Auftragsschreiber von Büchern und anderen Texten, der meistens namentlich ungenannt bleibt
Gimmick	spaßiger Werbeeinfall
Grafik-Designer	Gebrauchsgrafiker
Handout	Unterlagen, die nach Vortrag oder auf Messen verteilt werden
Headline	Überschrift, Schlagzeile
Highlight	Glanzlicht, Höhepunkt
Human Relations	Pflege der zwischenmenschlichen Beziehungen in Gesellschaft und Wirtschaft nach innen und außen
Image	Vorstellungsbild, das sich Außenstehende von einem Produkt oder Unternehmen machen

Impact	Begriff für die Kennzeichnung der Stärke eines Eindrucks
Incentive	Anreiz, Antrieb
Index	Vergleichszahl, Messzahl, Kennziffer
Inserat/Insertion	Anzeige/Anzeigenschaltung
Insert	Beihefter, Beilage in einer Zeitung
Layout	Kompositorische Tätigkeit zur Anordnung von Bild, Text und weiteren Elementen. Das Layout bestimmt die Wirksamkeit des Werbemittels.
LpA	Maß für Reichweite einer Zeitung (Leser per Ausgabe)
MA (Media-Analyse)	Untersuchung über Reichweite, Struktur etc.
monochrom	einfarbig
Montage	Zusammenfügen (Kleben, Fotografieren oder am Computer) von Bild und Textteilen zu einer Druckvorlage
Nielsen-Gebiete	Aufteilung Deutschlands in regionale Planungsgebiete, in denen regelmäßige Erhebungen (z.B. Kaufkraft) stattfinden
Nutzen	1) Verwendungszweck eines Produktes unter rationalen und emotionalen Gesichtspunkten 2) Zahl der Exemplare, die aus einem Druckbogen geschnitten werden können
Öffentlichkeitsarbeit	siehe Public Relations
Ökologie	Lehre von der Beziehung zwischen Mensch und Umwelt

Offsetdruck	Flachdruckverfahren. Bild und Schriftelemente werden durch Kopien des Offsetfilms auf eine Druckplatte übertragen. Der Druck erfolgt indirekt vom Druckplattenzylinder auf einen Zylinder.
Offsetfilm	Film zur Herstellung der Offsetdruckplatten
Point-of-Sale	Ort des Verkaufs
Point-of-Sale Advertising	Werbung am Ort des Verkaufs
Print	Druck, Drucksache oder: Abzug, Kopie
Print-Medien	Zeitschriften, Zeitungen: alle gedruckten Medien
Positionierung	Einordnung des Produktes in ein vom Verbraucher als möglichst „einmalig“ anerkanntes Profil
Promotion	Verkaufsförderung, Werbemaßnahmen, die auf unmittelbare Absatzförderung zielen
Propaganda	veraltete Bezeichnung für Werbung. Heute negativ besetzt: Politische Gegner machen Propaganda.
Provision	Vermittlungsgebühr für Werbeagenturen. Die Provision beträgt 15 %, wenn nicht anders vereinbart, auf die durchlaufenden Kosten von vermittelten Fremdleistungen.
Public Relations	Öffentlichkeitsarbeit mit dem Ziel, das Ansehen (PR) eines Unternehmens zu fördern und zu pflegen

Publikums-Zeitschriften	Überregionale Kauf-Zeitschriften für breit gestreute Zielgruppen. Vertrieb über Zeitschriftenhandel oder im Abonnement
Quickie	kurzer (Werbe-) Film, Kurz-Spot
Raster	reprotechnische Aufteilung einer Halbtonvorlage (Fotografie) in einzelne Rasterpunkte, um eine Druckwiedergabe zu ermöglichen. „24er, 36er bis 80er Raster" bezeichnet die auf 1 cm^2 angeordneten Rasterpunkte
Redaktionelles Umfeld	Berichterstattung, redaktionelle Textbeiträge, in deren Umfeld Anzeigen platziert werden sollten
Reichweite	Anzahl der Leser einer Zeitung im Verhältnis zur Gesamtbevölkerung
Reinzeichnung	reproduktionsfähige Aufsichtsvorlage zur Herstellung des Offsetfilms
Reklame	veralteter Ausdruck für Werbung
Reprint	unveränderter Nachdruck
Repro	1) Abkürzung für Reproduktion: Wiedergabe, Vervielfältigung 2) Fotografisch, chemisch oder digital hergestellter Film einer Druckvorlage als Basis für die Druckplatte
Response	Antwort, Werberücklauf
Retusche	Veränderung/Verbesserung eines fotografischen Originals
Rotationsdruck	Druck von endlosen Papierrollen durch runde Druckplatten und Zylinder

Satiniertes Papier	oberflächenglattes Papier für Illustrationsdruck
Satzspiegel	volle Fläche einer Druckseite, aufgeteilt in Spalten
Scanner	Gerät zur elektronischen Bildabtastung
Scribble	Skizze, Grundlayout
Sublines	Unter- und Zwischenzeilen
Struktur	Zusammensetzung der Leserschaft einer Zeitung nach demografischen Merkmalen wie Alter, Geschlecht, Einkommen
Tausend-Leser-Preis	Preis, den ein Anzeigenkunde zahlt, um 1.000 Leser eines Titels mindestens einmal zu erreichen
vergleichende Werbung	wettbewerbswidriges Verhalten mit Verstoß gegen §1 UWG
Werbeplanung	strategisches Vorgehen nach den Kategorien: Zielen – Planen – Steuern

Abbildungsnachweise

Seite 13	Philips Kalender
Seite 12, 16, 20, 24, 31, 32, 33, 35, 36, 39, 41, 44, 53, 54, 55, 58, 63, 79, 88, 89, 95, 99, 100, 104, 110, 120, 121, 123, 126, 127, 136, 141	Anne Brörmann Grafikerin, Hamburg
Seite 25	Optima Marketing
Seite 31, 33, 35	Heydel GmbH
Seite 38	Advance Bank
Seite 43	KCC Handelsgesellschaft
Seite 45	Sanitätshaus Toeller
Seite 46, 61, 67	Philips Industrial Electronics Deutschland GmbH, Hamburg
Seite 56	Niedersächsische Wirtschaft
Seite 59,68	Böhme Nachrichtentechnik
Seite 59	VISUS CONTACTLINSEN GmbH, Leonerg
Seite 75	vdd-Industrieverband
Seite 86	Erik Liebermann, Hagen Riegsee
Seite 102	Hamburger Abendblatt
Seite 113	Hüthig Verlag, Heidelberg
Seite 116	Verlag Orell Füssli, Zürich
Seite 132	Dr. Lachmann, Marktforschung
Seite 133	Creativ Collection Verlag
Seite 135	DSF – Deutsches Sport Fernsehen

Literatur

Bürger, Joachim H.:
Werben wie die Profis.
Verlag moderne industrie, Landsberg a. L. 1986

Dittrich, Helmut:
Erfolgreiche Werbung für Klein- und Mittelbetriebe.
Econ Verlag, Düsseldorf 1991

Hallwass, Edith:
Deutsch für Texter und andere kluge Köpfe.
Verlag Norman Rentrop, Bonn 1989

Heibutzki, Henry Joe:
„Imagefaktor Buch." In: Manager Seminare, Nr. 29, Oktober 1997, S. 34–39.

Klug, Sonja:
Bücher für Ihr Image. Leitfaden für Unternehmen und Business-Autoren.
Verlag Orell Füssli, Zürich 1996

Obermaier, Ernst:
Grundwissen Werbung.
Heyne Kompaktwissen, München 1988

Pepels, Werner:
Praxiswissen Marketing.
dtv, München 1996